Karl Dahl

Demetrius Peri hermeneias

Ein Beitrag zur Bestimmung der Abfassungszeit der Schrift - 2. Band

Karl Dahl

Demetrius Peri hermeneias
Ein Beitrag zur Bestimmung der Abfassungszeit der Schrift - 2. Band

ISBN/EAN: 9783744617390

Hergestellt in Europa, USA, Kanada, Australien, Japan

Cover: Foto ©ninafisch / pixelio.de

Weitere Bücher finden Sie auf **www.hansebooks.com**

Ein Beitrag zur Bestimmung
der
Abfassungszeit der Schrift
von
Dr. Karl Dahl,
K. Gymnasiallehrer.

II. Teil.

Programm
des
Kgl. Humanist. Gymnasiums Zweibrücken
zum Schlusse des Studienjahres
1894/95.

Zweibrücken.
Buchdruckerei von August Kranzbühler.
1895.

Vorwort.

Die vorliegende Arbeit bildet die unmittelbare Fortsetzung meines im vorigen Jahre unter dem gleichen Titel erschienenen Programms. Nur der Umstand, dass bei sofortigem Abdruck der ganzen Abhandlung der für Programme zulässige Umfang wesentlich überschritten worden wäre, hat mich im verflossenen Sommer dazu bestimmt, die Arbeit in zwei Teile zu zerlegen. Inhaltlich jedoch hängen die beiden Programme aufs engste miteinander zusammen, der eine Teil setzt den anderen unbedingt voraus, keiner von beiden darf also etwa für sich allein betrachtet werden. Um dieses Verhältnis auch äusserlich zu kennzeichnen, habe ich mich für fortlaufende Durchnumerierung der Seiten in beiden Teilen entschieden. Eine allgemeine Orientierung über die Frage, welche den Gegenstand dieser Untersuchungen bildet, sowie über die Ansichten der Früheren habe ich in der Einleitung zum ersten Teile zu geben versucht, woselbst ich auch die von mir benützten Hilfsmittel verzeichnet habe; ich kann mich daher hier darauf beschränken, auf das dort Bemerkte zu verweisen.

Nicht unterlassen darf ich es, an dieser Stelle allen denen meinen wärmsten Dank auszusprechen, welche dieser Arbeit gütige Förderung zu teil werden liessen, insbesondere Herrn Geheimrat Professor *Dr. Wilhelm von Christ*, von dem ich überhaupt die erste Anregung zur Behandlung dieses Gegenstandes und auch späterhin manchen schätzenswerten Wink empfing, den Herren Gymnasialrektor a. D. *Fries* in

Augsburg, meinem ehemaligen Amtsvorstande. Gymnasialprofessor *Dr. Helmreich*, Bibliothekar des Gymnasiums bei St. Anna in Augsburg, und Gymnasialrektor *Hahn* in Zweibrücken, welche mir die betr. Anstaltsbibliotheken jederzeit mit grösster Bereitwilligkeit zur Verfügung stellten, ebenso dem Direktorium und den Beamten der *K. Hof- und Staatsbibliothek* in München, die meinen häufig geäusserten Wünschen und Anliegen gegenüber stets gleichmässiges Entgegenkommen zeigten. Ganz spezieller Dank aber gebührt Herrn Gymnasialprofessor *Dr. Stich* dahier, der mich in liebenswürdigster Weise bei der Korrektur der Druckbogen unterstützte und dabei mehrfach die Güte hatte, mir seine eigenen Ansichten und Beobachtungen mitzuteilen, die ich dann auch nach Möglichkeit noch verwertete.

Zweibrücken, im Juni 1895.

Der Verfasser.

B. Verwendung der Wörter in neuen Bedeutungen.

Nicht wenige Wörter werden von unserem Autor in einer Bedeutung gebraucht, die ihnen in der älteren Zeit völlig fremd ist. Ich scheide dabei auch wieder zwischen Wörtern, die schon während der alexandrinischen Periode diese neue Bedeutung annahmen, und solchen, bei denen der Bedeutungswechsel erst für die Kaiserzeit nachweisbar ist.

1. Alexandrinisches Zeitalter.

$\beta άσανος$ = „Qual, Pein“,

p. 306, 13: $\beta άσανον\ παρέξουσι\ \ldots\ τῷ\ ἀκούοντι$. In dieser allgemeineren Bedeutung findet sich das Wort erst in der Septuaginta (cf. Wilke-Grimm und Schleusner s. v.):

1 Sam. 6, 3. 4. 17;
1 Macc. 9, 56; 4 Macc. 13, 14;
Sapient. Salom. 3, 1; 19, 4; dann auch
Matth. 4, 24;
Lucas 16, 23. 28;
Ps. Dion. H. Rhet. 6, 4 p. 264, 8 R.;
Aquila, Eccles. 1, 18 ($\beta άσανον$; LXX: $ἄλγημα$);
Lucian. Asin. 25 (2mal); Tragop. v. 280;
Sext. Emp. Adv. math. 6, 24;
Argum. Theocr. Idyll. 13.

Ebenso findet sich $βασανίζειν$ = „quälen, peinigen“ erst bei Späteren. Aus Lucian, Soloec. c. 6 sehen wir, dass die Grammatiker und Atticisten seiner Zeit es geradezu als Solöcismus bezeichneten (wenn auch er selbst sich darüber lustig zu machen scheint), und ebenso warnt Thom. Mag. p. 143: $μὴ\ λέγε\ οὖν\ βεβασάνισται\ ὑπὸ\ νόσου,\ ἀλλ'\ ἐξήτασται$. — Wir lesen es mehrfach in der Septuaginta u. in den Apokryphen des A. T., ganz besonders aber im N. T. (s. die Stellen bei Wilke-Grimm und Schleusner), ferner bei

Philipp. Thessalon.[1]) Epigr. 34 (Anthol. II p. 205 ed. Jac.);
Joseph. A. J. 2, 14, 4;
Arrian, Epict. dissert. 2, 22, 35;

---

[1]) lebte unter Augustus oder Tiberius, spätestens in der 2. Hälfte des 1. Jahrh., cf. Christ, Litt.-G² S. 526.

Philostr. Vit. Apollon. 1, 25;
Ps. Lucian, Amor. 3;
Chariton 4, 3;
Greg. Naz. Orat. 12, 2 p. 242;
Stob. Flor. 7, 21 (Citierung von Worten des *Chrysippus*, jedoch in *indirekter* Form).
Erwähnung verdient auch, dass βασανίζειν λέξιν rhetorischer Terminus ist für den geschraubten Ausdruck (so bei Dionysius v. Hal. u. Ps. Longin).
Desgleichen ist βασανισμός im Sinne von „Peinigung, Heimsuchung" in der Apokalypse nicht selten (cf. 9, 5; 14, 10; 18, 7. 10. 15). Dagegen steht es in dem Fragmente des Komikers Alexis bei Athen. 1, 56 p. 30 F *(Οἶνος ξενικὸς παρῆν· ὁ γὰρ Κορίνθιος βασανισμός ἐστι)* mit bewusster Metapher im Sinne von „Torturmittel." —

δοκιμάζειν = „für notwendig erachten", „verlangen", „fordern" lesen wir p. 264, 4 (mit acc. c. infin.) und p. 306, 7 (mit Akkusativobjekt). In diesem Sinne kennt die klassische Zeit das Wort noch nicht, sondern da bedeutet es: „prüfen, erproben"; „durch Untersuchung feststellen, sich darüber einigen, verständigen" (Xenoph. Oecon. 6, 8: ἐδοκιμάσαμεν ἀνδρὶ καλῷ τε κἀγαθῷ ἐργασίαν εἶναι ... κρατίστην τὴν γεωργίαν); „so urteilen" (Thuc. 2, 35: ἐπειδὴ δὲ τοῖς πάλαι οὕτως ἐδοκιμάσθη ταῦτα καλῶς ἔχειν, Schol. ἐκρίθη); „als erprobt annehmen, billigen, gutheissen" (so auch Xenoph. Memor. 1, 2, 4: τὸ δέ, ὅσα γ' ἡδέως ἡ ψυχὴ δέχεται, ταῦτα ἱκανὸς ἐκπονεῖν ἐδοκίμαζε, mit dem Akkusativ des substantivierten Infinitivs). Die Überleitung zu dem Gebrauche in unserer Schrift bildet Aristot. Polit. 8, 7, 8 p. 1342ᵃ 31: κἄν τινα ἄλλην ἡμῖν δοκιμάζωσιν οἱ κοινωνοὶ τῆς ἐν φιλοσοφίᾳ διατριβῆς. Doch steht es auch hier noch in wesentlich schwächerer Bedeutung („für gut und nützlich halten"). Vollzogen finden wir den Bedeutungswandel kurz vor Beginn der Kaiserzeit, und zwar wird das Verbum nun meist mit dem Infinitiv verbunden, der aber jetzt nicht mehr ein Urteil, eine Ansicht (dass etwas ist), sondern eine **Forderung** (dass etwas geschehen solle) ausdrückt. So bedeutet δοκιμάζειν „etwas für recht, angemessen, angezeigt halten" bei
Joseph. Antiq. Iud. 1, 10, 1;
Polyaen. Strateg. 4, 3, 24;
„beschliessen, sich entschliessen" bei
Joseph. Antiq. Iud. 1, 7, 1;
Theophyl. Simoc. Hist. 3, 2, 4; 7, 15, 5;

Nicetas Choniates, Hist. p. 258 C; 275 D; 395 B („in cod. graecobarbaro" Steph.);
„bestimmen, festsetzen" bei
Joseph. Antiq. Iud. 14, 10, 6 (acc. c. infin.).
Mit der Negation verbunden bedeutet es „etwas nicht für passend, nicht für angemessen halten":
Plut. Thes. 12;
Ps. Phalar. Epist. p. 348;
Theophyl. Simoc. Hist. 4, 9, 7 (acc. c. inf.);
„nicht geneigt sein, nicht wollen":
Philo (von Steph. ohne Stellenangabe citiert: πολεμεῖν οὐκ ἐδοκίμαζε; desgl. ἀντικρυς μὲν ὑπαντᾶν οὐκ ἐδοκίμασε);
Joseph. Antiq. Iud. 2, 7, 4;
N. T. Epist. ad Rom. 1, 28;
„es nicht für notwendig erachten":
Philodem. Voll. rhet. p. 11, 37 ed. Sudhaus;
„nicht verlangen, nicht fordern":
Joseph. Antiq. Iud. 14, 10, 2 (mit Akkusativobjekt). —
ἐκτίθεσθαι = „festsetzen".
p. 269, 29: ἡμεῖς δὲ μέτρον μὲν περιόδου ἐκτεθείμεθα.
p. 306, 9: ἐκτιθέμεθα μόνον τὸ φυσικὸν εἶδος τῆς τάξεως.
An beiden Stellen fasst es Göller im Sinne von „exponere", doch muss es vielmehr bedeuten „festsetzen, bestimmen, vorschreiben", eine Bedeutung, für welche ich nur eine Parallelstelle gefunden habe, Diodor 11, 81: οὗτος δὲ (Μυρωνίδης) καταλέξας τῶν πολιτῶν τοὺς ἱκανοὺς παρήγγειλεν αὐτοῖς, ἐκθέμενος ἡμέραν, ἐν ᾗ τὴν ἐκ τῆς πόλεως ἀνάζευξιν ἤμελλε ποιεῖσθαι. Dieselbe entwickelte sich aus der Bedeutung „öffentlich ausstellen, durch öffentlichen Anschlag bekannt geben", geradeso, wie ἔκθεμα, „der öffentliche Anschlag" (Polyb. 31, 10, 1), schon bald die Bedeutung „Edikt, Verordnung" annahm. Einige Verwandtschaft zeigt auch das polybianische ἐκτιθέναι ξένια καὶ παροχάς (25, 6, 6) oder ὀψώνιον (13, 2, 3) „— aussetzen, gewähren." Wir haben es also mit einem Gebrauche zu thun, der keinenfalls über Polybius hinaufreicht. —

παρέλκειν intransitiv, p. 276, 3,
= „nachschleppen, überflüssig sein" (ὡς γὰρ παρέλκει τὸ αἲ αἲ etc.). Dieser Gebrauch findet sich ganz vereinzelt im Titel einer Schrift des *Chrysippus* bei Diog. Laërt. 7, 195: Περὶ τῶν παρελκόντων λόγων πρὸς Πάσυλον β΄, wofern die Schrift echt ist; sonst nur bei Schriftstellern der Kaiserzeit, so bei
Dioscorid. 6;

Arrian, Epict. dissert. 1, 7, 29;
Apollon. Dysc. De constr. p. 5, 7; 178, 18 Bekk.; mit
 folg. Inf. p. 49, 19 und 167, 6;
Sext. Empir. Pyrrh. 2, 156—175 (zehnmal);
 — Adv. math. 6, 6; 7, 334; 8, 294;
Diog. Laërt. 2, 107;
Clemens Alexandr. p. 807 und bei vielen anderen.
 Das Medium findet sich in der gleichen Bedeutung
schon etwas früher, cf.
Polyb. 9, 20, 6: τὰ παρελκόμενα τοῖς ἐπιτηδεύμασι;
Dionys. Hal. Ant. Rom. 4, 20;
 — De Thuc. iud. 19, 4 p. 856, 3 R.; ferner bei
Apollon. Dysc. De constr. p. 15, 9 Bekk.;
Schol. Aristoph. Eccl. 848. 1143; Ach. 815.
 Das Adverbium παρελκόντως = „nachschleppend, überflüssig" lesen wir Schol. Thuc. 3, 82 u. bei anderen Späteren. —
 πρόσωπον = „Person",
cf. p. 291, 13; 292, 16; 305, 2 und 319, 8. In dieser Bedeutung kennt keiner der Attiker das Wort; ebenso wenig
Aristoteles, bei dem es vielmehr „larva, Maske" bedeutet,
cf. Poët. 5 p. 1449^a 36 *(τὸ γελοῖον πρ.* „die komische Maske")
und 1449^b 4, wo die Personen noch einmal besonders mit
πλήθη ὑποκριτῶν bezeichnet werden. (Vgl. auch Ps. Aristot.
Probl. 31, 7 p. 958^a 17.) Dagegen findet es sich in der
Septuaginta (2 Sam. 17, 11) und ziemlich häufig bei Polybius
so gebraucht (cf. 5, 107, 3; 8, 13, 5; 15, 25, 8; 27, 6, 4;
32, 21, 14, insbesondere aber 12, 27, 10: Ὅμηρος προθέμενος
τὸ τοῦ Ὀδυσσέως πρόσωπον), ebenso bei Dionysius v. Hal.,
Philo, Dio Chrysost., Lucian, Arrian (Epiktet), Themistius
u. a. und als grammatischer Terminus unzählige Male bei
den Grammatikern, so schon bei Dion. Thrax p. 46, 4; 47,
1; 51, 4; 60, 4; 63, 2; 64, 1 u. 65, 1 ed. Uhlig, desgleichen
bei Dionysius v. Hal., Ps. Longin De subl. u. a. —

2. Römische Kaiserzeit.

αὐτόθεν = „an und für sich",

p. 289, 20: τούτῳ γὰρ αὐτόθεν μικρῷ ἀκουσθῆναι ὄντι κτλ.
Aehnlich gebraucht finde ich es nur im Argum. Demosth. 39
(Ad Boeotum de nomine) a. E.: αὐτόθεν μὲν οὖν δόξειεν ἄν τις
φιλοπράγμων καὶ φιλόνεικος ὑπὲρ προσηγοριῶν διαφερόμενος
(von dem Rhetor Libanius herrührend, cf. Christ, Litt.-G.^{2}
S. 350).

διαπαίζειν = „verspotten", p. 295, 14.
διαπαίζειν = „durchspielen, zu Ende spielen" ist aus Plat. Legg. VI p. 769 A (παιδιὰ διαπεπαισμένη) bekannt. In der hier notwendigen Bedeutung „verspotten" findet es sich nicht vor der römischen Kaiserzeit (cf. Moeris p. 158: ἐρεσχελεῖν, Ἀττικῶς· διαπαίζειν, Ἑλληνικῶς). Sonst ist es noch belegt bei
Joseph. Bell. Iud. 5, 7, 4;
Plut. Mor. p. 79 B (Prof. virt. sent. 7);
Diog. Laërt. 8, 6;
Aristaenet. 1, 2 p. 10;
Etymol. Magn. 621, 54;
Thom. Mag. p. 218 (an allen diesen Stellen mit Akk.), ferner Schol. Luc. vol. II p. 90. 111. 134 (δ. εἴς τινα). —

ἐπιφέρειν.
Sehr häufig gebraucht unser Autor dieses Wort gleichbedeutend mit ἐπιτιθέναι, = „subiungere, beifügen, nachbringen" (cf. p. 269, 18 u. 22; 274, 13; 282, 11; 286, 5 u. 7; 296, 22; 302, 23; 305, 9 u. 14; 309, 1 u. 311, 21). Bei Aristoteles findet es sich in diesem Sinne bloss in der Metaphysik im Buche N, c. 6 p. 1093^a 24; ferner begegnet es uns in der nicht aristotelischen Rhetorik an Alexander (c. 23 p. 1434^b 23). Sehr häufig jedoch wird dies seit Dionysius v. Halikarnass.

Dem entsprechend bedeutet ἐπιφορά p. 305, 8 „das Nachbringen, die Hinzufügung", womit man allenfalls vergleichen kann: Anonym. Ars rhet., Rh. Sp. I p. 459, 17: ἐπιφοραί opp. προθέσεσι, = „Nachsätze" (nach p. 459, 5 aus des Harpokration Τέχνη geschöpft); auch die Figur der Epiphora kann zum Vergleich herangezogen werden (bei Rutil. Lup. 1, 8 u. Dion. Hal. De vi Demosth. 20).

An einer Stelle jedoch, p. 289, 24 (καὶ τὴν παροιμίαν ἐποίσομεν, nach einer sicheren Emendation von Hemsterhuis statt des überlieferten ἐποιήσαμεν) scheint ἐπιφέρειν zu bedeuten „anführen, citieren". In diesem Sinne kennt es keiner der Früheren, auch Aristoteles nicht; vielmehr bedeutet τὸ ἐπιφερόμενον Top. 8, 2 p. 157^a 31 „das Vorgebrachte", nicht viel verschieden von τὸ εἰρημένον oder τὸ λεγόμενον; wohl aber gebraucht es im gleichen Sinne Dionys. v. Hal., cf. De comp. verb. p. 25, 2 R.: τὰ Εὐριπίδεια ταῦτα ἐπενεγκεῖν. —

ἠχώδης „volltönend",
sonorus, sonans, p. 272, 4 u. 278, 3; ähnlich auch in den Acta Petri p. 207 A, einer apokryphen Schrift, die frühestens im 2. Jahrh. entstanden ist, cf. Christ, Litt. G.² S. 732. In

der Bedeutung „Ohrensausen verursachend" lesen wir es jedoch schon bei Ps. Hippokrates in den Coacae praenotiones, Kühn I p. 258. —

λοιπόν == ἤδη, p. 314, 14 (δῆλα ἂν εἴη λοιπὸν ἐκ τῶν προειρημένων). Hammer (Progr. S. 49) u. Liers (Stilarten S. 708 unten) fassen es beide im Sinne von deinceps, ein Gebrauch, der besonders bei Polybius häufig ist. Indes hier steht λοιπόν ohne Zweifel gleichbedeutend mit ἤδη == „schon, bereits", in welchem Sinne es freilich erst bei späteren Schriftstellern vorkommt (cf. Schaefer, Long. p. 400. Wilke-Grimm u. Schleusner s. v.), so N. T. Act. 27, 20: λοιπὸν περιῃρεῖτο πᾶσα ἐλπὶς τοῦ σώζεσθαι ἡμᾶς.

— Matth. 26, 45 u. Marc. 14, 41: καθεύδετε τὸ λοιπὸν καὶ ἀναπαύεσθε;[1])

Joseph. Antiq. Iud. 11, 6, 12: ἐπὶ τοσοῦτον, ὡς πατέρα μοι τὸ λοιπὸν προσαγορεύεσθαι.

— — 11, 6, 11: κατηγόρει τὸ λοιπὸν ἤδη φανερῶς τοῦ Ἀμάνου.

Aelian, V. H. 8, 14: Διογένης... ὅτε λοιπὸν ἐνόσει ἐπὶ θανάτῳ κτλ.

Longus, Pastoralia 4 p. 137, 11 ed. Schaefer: Καὶ τὴν μὲν... ἐκόσμει λοιπὸν ὡς υἱοῦ γυναῖκα (Schaef. übers. „illam.... veluti iam tum[2]) sui filii uxorem ornabat". Vgl. auch die Anm. v. Schaef. p. 400).

Alciphron, Ep. 3, 9: ἀποπειρώμενος τῶν σκυλακίων εἰ λοιπὸν ἐπιτήδεια κατὰ δρόμον.

— 3, 33: οὕτως ἀφηλικέστερος γεγονώς, ὅτε ἤδη λοιπὸν υἱιδοῦς καὶ θυγατριδοῦς ἔχομεν. („ubi ἤδη λοιπόν, ταυτόσημα,[3]) posita ὁμοῦ ἐκ παραλλήλου". Schaef. Long. p. 400.)

Philostr. Vit. Apoll. 2, 39 p. 42 Kayser: ἀξιοῖ πεπᾶσθαι, ἃ ἐν τῇ λοιπὸν ἑαυτοῦ γῇ εὗρε.

Marcellin. De Thucyd. vit. et gen. dic., a. Anf.: τῶν Δημοσθένους μύστας γεγενημένοις θείων λόγων τε καὶ ἀγώνων,.... ὥρα λοιπὸν καὶ τῶν Θουκυδίδου τελετῶν ἐντὸς καταστῆναι (καταστῆσαι Valcken.);

---

[1]) So interpungiert *Schulze*, *Tischendorf* setzt einen Punkt. *Schleusner* übersetzt „iam, i. q. ἤδη." *Wilke-Grimm* „posthac, in posterum tempus, abhinc."

[2]) Weniger sicher ist diese Bedeutung ibid. 3 p. 104, 16: καὶ ὡς γυναῖκα λοιπὸν μὴ λανθάνων κατεφίλει, wo es auch heissen kann „fortan".

[3]) ibid 3, 70: αἱ μὲν οἰκίαι τῶν πλουσίων πᾶσαί μοι λοιπὸν ἀπεκέκλειντο, wohl im Sinne von „fortan".

Anastas. Sinaït. in Matthaei Glossar. Græc. min. p. 55 („hier im Sinne von iam", Schmid Att. II S. 126 s. λοιπόν);
Glossar. H. Stephan. col. 530: „Λοιπὸν, ἐπίρρημα. Postsecus, iam". —
σημειώδης = „auffällig", p. 307, 21.
Im Sinne von „vorbedeutend" gebrauchen das Adjektiv schon Aristot. Meteor. 3, 3 p. 373ª 30;
— Divin. in somn. 1, 2 p. 462ᵇ 15 und Theophr. Vent. 35;
dagegen in der hier notwendigen Bedeutung: „auffallend, hervorstechend" findet es sich erst bei
Dionys. Hal. De Isocr. iud. 2 p. 537, 14 R.;
— Ep. ad Cn. Pomp. 5 p. 780, 11 R.;
Strabo 8, 1, 3; 16, 2, 28;
Philo t. II p. 177, 32; 480, 4 u. a. Sp. —
ὑπερπίπτειν = „darüber hinausgehen".
p. 272, 6: ἡ γὰρ πυκνότης τῶν μακρῶν ὑπερπίπτει τοῦ λογικοῦ μέτρου „— geht über das in der Prosa einzuhaltende Mass hinaus, überschreitet dasselbe." Auch Göller übersetzt: „— excedit (numeros etc.)" Im gleichen Sinne sagt Aristot. Poët. 4, 19 p. 1449ª 26: ἐκβαίνοντες τῆς λεκτικῆς ἁρμονίας.

In dieser übertragenen Bedeutung ist ὑπερπίπτειν bisher nur nachgewiesen bei Gregor von Nazianz († um 390 nach Chr.) t. I p. 446 B: ἡ δὲ (θερμότης ἀπαίδευτος) ὑπερπίπτουσα καὶ τοῦ δεξιοῦ ποιουμένη τι δεξιώτερον, („ulterius cadens" Steph.) u. p. 492 B und bei dessen Kommentator Nicetas David, Paraphr. in Greg. Naz. p. 128, 9 Dronk.: εἰ δέ γε πέρα τοῦ δέοντος ἄττον ὑπερπέσοι. — Das Substantiv ὑπέρπτωσις, „Übermass", lesen wir öfter bei Gregor von Nyssa.

Etwas häufiger ist in diesem Sinne ὑπερεκπίπτειν gebraucht, doch findet sich auch dieses, wie es scheint, nicht vor Beginn der Kaiserzeit, cf.
Plut. Mor. p. 876 F.;
Luc. Hermot. 67;
Ps. Luc. De salt. 83;
S. Emp. Adv. math. 6, 6 u. a.

Davon ist abgeleitet das Substantiv ὑπερέκπτωσις, cf. Ps. Longin. De subl. 15, 8: τὰ μὲν παρὰ τοῖς ποιηταῖς μυθικωτέραν ἔχει τὴν ὑπερέκπτωσιν .... καὶ πάντη τὸ πιστὸν ὑπεραίρουσαν („modum excedens licentia" Ernesti) und Nicomach. Arithm. 1, 14: ὑ. καὶ περισσότης. —

Hier schliesse ich alsdann noch eine etwas ungewöhnliche Redensart an:
$$\dot{o}\delta\grave{o}\nu\ \dot{a}\nu o\iota\gamma\nu\acute{\nu}\nu a\iota\ \tau\iota\nu\acute{\iota},$$
cf. p. 289, 22: ὁδὸν τοῖς μείζοσι πονηροῖς ἀνοιγνύουσιν. Eine gewisse Ähnlichkeit damit zeigt allerdings die Stelle bei Pindar Pyth. 5, 88: τοὺς Ἀριστοτέλης ἄγαγε, ναυσὶ θοαῖς ἁλὸς βαθεῖαν κέλευθον ἀνοίγων. Aber diese Ähnlichkeit ist doch nur eine äusserliche. Die Vorstellung ist hier eine wesentlich verschiedene. Von einem „Freimachen, Bahnen des Weges" kann ja hier keine Rede sein. Vielmehr ist ἁλὸς κέλευθος eine bei den Dichtern so überaus beliebte formelhafte Umschreibung für θάλαττα, so dass der Sinn der gleiche sein muss, wie wenn dastünde: θάλατταν ἀνοίγων. Wodurch aber „macht man sich das Meer offen"? Doch wohl dadurch, dass man kühn auf die hohe See, „ins offene Meer" hinausfährt. Und in diesem Sinne findet sich auch wirklich nicht selten ἀνοιγνύναι, absolut gebraucht, mit zu ergänzendem θάλατταν, z. B. bei Xenophon, Hell. I, 1, 2. 5, 13. 6, 21. Dazu stimmt dann auch ganz gut das hier dabeistehende βαθεῖαν. Jedenfalls ist der Ausdruck an der Pindarstelle durchaus dichterisch und für die Prosa nicht ohne weiteres vorauszusetzen. In der That findet sich bei keinem Schriftsteller der guten Prosa etwas Ähnliches. „Einen Weg bahnen" heisst bei Plato, auch in übertragenem Sinne, ὁδὸν τέμνειν, cf. Legg. 7 p. 803 E: καθάπερ ὁδοὶ τέτμηνται; ib. p. 810 E: τὴν νῦν τετμημένην ὁδὸν τῆς νομοθεσίας; in ähnlichem Sinne verwendet Aristoteles (προ-)ὁδοποιεῖν, cf. Rhet. 3, 12 p. 1423^b 22: ὅπερ ὥσπερ ὁδοποιεῖ τῷ ὑποκρίνεσθαι; Metaph. A, 3 p 984^a 18: αὐτὸ τὸ πρᾶγμα ὡδοποίησεν αὐτοῖς; Rhet. 2, 13 p. 1389^b 32: τὸ γῆρας προωδοπεποίηκε τῇ δειλίᾳ u. öfter, und ebenso Demosthenes ὁδὸν διδόναι, cf. 22 (In Androt.), 26.

Dagegen den von unserem Autor gebrauchten Ausdruck finden wir erst in ganz später Zeit wieder, bei Ps. Lucian, Amor. 27: διπλασίας ἀπολαύσεως ὁδοὺς ἀνοίξαντα, und bei Ps. Themistocl. Ep. 4 p. 16: καὶ ἡμεῖς ἴσως ἂν ἑαυτοὺς αἰτιῴμεθα, ἀνοίξαντες ὁδὸν τοῖς πράγμασιν εὑρεῖαν. Wem käme da nicht sofort das lateinische **viam aperire** bzw. **patefacere alicui**[1]) in den Sinn? In der That liegt es nahe, an einen

---

[1]) aperire viam lesen wir z. B.
Verg. Aen. 10, 864; 11, 884;
Liv. 6, 2;
Tac. Ann. 2, 21 u. sonst;

Latinismus zu denken, so entschieden sich auch Schmid (Att. I S. 237) gegen die Annahme von Latinismen in der späteren Gräcität ausspricht (vgl. auch das S. 18 zu ζηλοτυπεῖν τινι Bemerkte), und dürfen wir einen solchen annehmen, so gewinnen wir damit einen neuen Beweis für die verhältnismässig späte Abfassungszeit unserer Schrift.

Von ἀπαγγελία, ἀπαγγέλλειν, ἀσχημάτιστος, ἐξαίρεσθαι, ἑρμηνεύειν, ἡδονή, περιαγωγή, σύμβολα u. a. wird bei den Termini technici die Rede sein.

C. Hapaxlegomena.

Unsere Schrift enthält eine ganz beträchtliche Zahl von ungewöhnlichen Wortformen und Wortbildungen sowie auch von Wörtern, die von unserem Autor in einer sonst nicht nachweisbaren Bedeutung gebraucht werden.

1. Eigentliche Hapaxlegomena.

Hammer (S. 49) führt an: πρόσφυμα u. παράξυσμα p. 275, 6 u. 7, συνειρμός p. 301, 21. Beh.-Schw. (S. 36 A. 1) fügt bei: ἀτακτοτέρως[1]) p. 274, 24, εὐκατάστροφος 262, 19, ξηροκακοζηλία 314, 10, πολυηχία 279, 12 und προαναβοάω 264, 13. (Den Komparativ ἀδολεσχότερος mussten wir oben S. 9 Anm. 1 ausschliessen.) — Doch damit ist ihre Zahl noch keineswegs erschöpft. Mir sind noch folgende aufgefallen:

ἀρχαιοειδής, p. 315, 13.

Dafür gebrauchte man sonst ἀρχαιοπρεπής, cf.

Plat. Soph. p. 229 E;
Dion. Hal. Antiq. Rom. 1, 11;
— De comp. verb. 23 p. 172, 9 Reiske;

aperire iter: Sall. Cat. 58, 7;
patefacere viam:
  Cic. Verr. 3, 219 (avaritiae);
  — Phil. 5, 49 (sibi); 10, 7 (audaciae);
  Caes. B. G. 7, 8, 2;
  Tac. Ann. 1, 32;
patefacere iter: Sall. Hist. 2, 96, 4.

[1]) In der That ist diese Form nicht weiter belegt; Thukydides sagt dafür ἀτακτότερον (6, 97, 4; 7, 80, 4. 81, 2; 8, 25, 3), ebenso Herodian (Hist. 6, 5, 2). Übrigens sind solche adverbiale Komparative auf -ως auch bei guten Schriftstellern nicht selten, cf. Kühner I³, 1 S. 577 Anm. 1; ἀτακτοτάτως findet sich öfter bei Grammatikern und Scholiasten, cf. Kühner a. a. O. Anm. 2.

Dion. Hal. Epist. ad Cn. Pomp. 2, 5 p. 760, 4 R.;
— De vi Demosth. 38 p. 1075, 6 R. *(ἀρχαιοπινής?)*
oder auch *ἀρχαιότροπος* cf. Thuc. 1, 71, 2 u. a. — Ich verbinde damit sogleich:
μετροειδής, p. 301, 25 u. 302, 2.
Vgl. das oben S. 57 über die Häufigkeit der Adjektivbildungen mit *εἶδος* Bemerkte. —
δυνάστις „Fürstin", p. 324, 22,
Analogiebildung zu *βασιλίς* (bes. häufig bei den Tragikern) u. *τυραννίς* = uxor tyranni s. principis (im Buche Esther. 1, 18). —
δύσφθογγος p. 315, 20; vgl. S. 54. —
εἰκαιόψογος, p. 324, 15,
Konjektur von Victorius, jedoch im engsten Anschluss an den cod. Paris. *(εἰ καὶ ὁ ψόγους)*. Das Wort kommt sonst nicht vor und ist, falls die Aenderung richtig ist, jedenfalls eine späte Bildung. Solche Zusammensetzungen mit *εἰκαῖος* werden häufig bei Cyrill, Zonaras, Hesychius, Caesarius (Quaest. theol.) u. a. Wohl die frühesten Beispiele sind *εἰκαιολόγος* bei Philodem. in Vol. Hercul. Oxon. 2 fol. 10 u. *εἰκαιολογία* bei Philo, vol. I p. 674, 2 ed. Mang. —
ἐπιπληθύεσθαι, p. 297, 17,
(= „sich häufen"; im cod. Par. *ἐπιπληθύονται* statt des hier notwendigen Konjunktivs) ist bis jetzt nicht weiter belegt. Auch *ἐπιπληθύνω* findet sich erst spät, so das Passiv LXX. Gen. 7, 17 (wo Vat. u. Ald. *ἐπεπληθύνθη* bieten statt des sonst überlieferten *ἐπληθύνθη*), das intransitive Aktiv in der aus dem 10. Jahrh. nach Chr. stammenden Vita Io. Damasceni, vol. I p. 8 B. [Das von Passow[4] aufgeführte *ἐπιπλήθω* fehlt in der von Rost besorgten neuen Auflage, ebenso bei Stephanus und Pape.] —
μετασυντίθημι
lesen wir an vier Stellen: p. 263, 5; 276, 10; 302, 26 u. 316, 13. Beachte die Häufung der Präpositionen! Einfaches *μετατίθημι* würde ja auch genügen. —
προσστοχάζομαι, p. 317, 17,
(„insuper excogito" Steph.) Konjektur v. Göller statt des handschriftlich überlieferten *προ-στοχάζομαι*. Beides ist sonst nicht nachzuweisen, nur führt Steph. das Adj. verb. *προστοχαστικός* an, freilich ohne Stellenangabe. — Die Konstruktion mit dem Akk. erklärt sich hier durch die Bedeutung „treffen". —
περισσοτεχνία, p. 315, 29.
Solche Zusammensetzungen mit *περισσός* sind, von einigen

wenigen abgesehen, fast alle jüngeren Ursprungs. Besonders liebt sie Oppian, cf. περισσόκομος Cyneg. 3, 317; περισσόλοφος Cyneg. 3, 369; περισσόνοος Halieut. 3, 12. —

2. Verwendung von Wörtern in ganz ungewöhnlicher Bedeutung.

διαλύειν = „befreien", p. 323, 15.
διαλύσαντας bietet der cod. Paris. von erster Hand, welche Lesart gestützt wird durch Gregor. Corinth. bei Walz, Rh. Gr. VII p. 1180, 1 und durch die Wiederaufnahme des Gedankens ebendas. p. 1180, 8 mit λύσοντας οὐδαμῶς τὸν ἑταῖρον. διαπλεύσαντας ist eine Korrektur von zweiter Hand, welche dann in die anderen codd. überging. Walz u. Göller lesen mit Victorius διαπλεύσαντας ὡς τὸν ἔτ. Die hier notwendige Bedeutung „(aus dem Kerker) befreien" ist sonst nirgends nachzuweisen; dafür gebrauchte man λύειν, ἐκλύειν, ἀπολύειν, ἐλευθεροῦν u. dgl. Auch διαλύειν m. d. gen. separativus = „von etw. (τινός) befreien" ist sehr selten. Ich finde es nur: Eurip. Orest. 1679; Diodor 14, 110 und 35, frgm. 39, Dind. V p. 121, 3 (= p. 631, 15 Wess.). —

ὄζειν τινός „etwas riechen", p. 322, 13.
Sehr auffallend ist, dass unser Autor bei der Besprechung eines höhnenden Witzwortes des Demades sagt: τὸ μὲν γὰρ ὄζεν ἀντὶ τοῦ ᾐσθάνετο. Dazu bemerkt schon Göller S. 152, Demetrius scheine ὄζειν im Sinne von olfacere („etw. durch den Geruch wahrnehmen") zu verstehen und vermutet, dass das Wort in späterer Zeit diese Bedeutung wirklich gehabt habe. Doch ist dieselbe nirgends nachzuweisen. —

Über ἀνυπόκριτος habe ich oben S. 39, über δυσήκοος u. εὐήκοος S. 53 f., über δύσρητος S. 53, über καταληκτικός S. 52 gehandelt. Den besonderen Gebrauch von ἦχος und ἐπανάστασις werde ich bei den Termini technici besprechen. Über ἐμβολή = ἀρχή und intransitiv gebrauchtes βεβαιόω vgl. den Kritischen Anhang.

III. Terminologie.

Christ bemerkt in seiner Litteraturgeschichte, 2. Aufl. S. 505: (Der scharfsinnigen Vermutung Murets, dass der Sophist Demetrius von Alexandrien der Verfasser der Schrift sei,) „steht der Charakter der rhetorischen und grammatischen Theorie des Büchleins im Wege, welche eher auf die Zeit vor Cicero und Dionysios Thrax hinweist." Dieser Behauptung meines hochverehrten Lehrers kann ich nicht recht beipflichten.

Was speziell die grammatische Theorie anlangt, so hat unser Autor in einer Schrift rhetorischen Inhalts natürlich nicht gerade sehr häufig Veranlassung, grammatische Dinge zu berühren. Doch wo er dieses Gebiet gelegentlich streift, stehen seine Andeutungen, trotz mancher Verschiedenheit in der Terminologie, ganz gut im Einklang mit dem System des Dionysius Thrax, während sie zugleich gegenüber Aristoteles einen wesentlichen Fortschritt verraten, so dass ich darin einen Hinweis auf die Zeit vor Dionysius Thrax nicht erblicken kann; und die rhetorische Terminologie unseres Autors führt uns entschieden über die Zeit des letzteren hinaus.

A. Grammatische Kunstausdrücke.

Was die Lautlehre anlangt, so gehören hierher die Termini: $\mathring{\eta}\chi o\varsigma\ \delta\alpha\sigma\acute{\upsilon}\varsigma$ und $\mathring{\eta}\chi o\varsigma\ \psi\iota\lambda\acute{o}\varsigma = $ *spiritus asper* und *sp. lenis*[1]), cf. p. 279, 13. Dabei hat der Gebrauch von $\delta\alpha\sigma\acute{\upsilon}\varsigma$ und $\psi\iota\lambda\acute{o}\varsigma$ nichts Auffälliges an sich. Schon Aristoteles spricht von der $\delta\alpha\sigma\acute{\upsilon}\tau\eta\varsigma$ und der $\psi\iota\lambda\acute{o}\tau\eta\varsigma$, der Aspiration und dem Mangel derselben, Poët. 20 p. 1456^b 32, und in der zwar pseudoaristotelischen, doch bald[2]) nach Aristoteles verfassten

---

[1]) Mit *H. Vincent* (Revue de Philologie vol. 2 p. 40, cf. Steph. Thes. s. $\psi\iota\lambda\acute{o}\varsigma$) $\mathring{\eta}\chi o\varsigma\ \psi\iota\lambda\acute{o}\varsigma$ zu fassen als „le son d'une voyelle simple, par opposition à celui d'une diphthongue" verbietet sich durch den Gegensatz $\mathring{\eta}\chi o\varsigma\ \delta\alpha\sigma\acute{\upsilon}\varsigma$, was niemals „Diphthong" bedeuten kann.

[2]) vgl. S. 53 Anm. 3.

Schrift De audib. (p. 801ᵇ) ist von δασεῖαι bzw. ψιλαὶ τῶν φωνῶν die Rede. Dagegen ist ἦχος in dem hier erforderlichen Sinne sonst nicht nachgewiesen. Der gewöhnliche Terminus der griechischen Grammatiker für Spiritus ist πνεῦμα; doch scheint derselbe nicht vor Beginn der Kaiserzeit aufgekommen zu sein. Zwar spricht schon Plato (Cratyl. 37 p. 427 A) von πνευματώδη γράμματα, doch rechnet er dazu ausser dem Φ auch Ψ, Σ und Ζ, versteht darunter also nicht die Aspiratæ im engeren Sinn, sondern überhaupt Laute, die mit stärkerem Atem gesprochen werden. Aristoteles ferner erwähnt zwar den Spiritus[1]) ausdrücklich und fügt bei, dass zu seiner Zeit besondere Zeichen dafür aufkamen, doch bezeichnet er ihn noch mit dem allgemeineren Namen προσῳδία (Soph. elench. 20, 3 p. 177ᵇ 3: εἴπερ μὴ καὶ τὸ ὄρος καὶ ὄρος τῇ προσῳδίᾳ λεχθὲν σημαίνει ἕτερον), unter welchem er an anderer Stelle auch den Accent versteht (z. B. Soph. elench. 23 p. 179ᵃ 14; vgl. auch 4 p. 166ᵇ 5 u. 21 p. 177ᵇ 35 ff.). Ob Dionysius Thrax unter προσῳδία (p. 5, 4; 6, 6 u. 7 Uhlig) den Spiritus miteinbegriffen hat, muss dahingestellt bleiben[2]). Grössere Wahrscheinlichkeit hat dies bei Dionysius von Halikarnass, cf. De comp. verb. 19 p. 133, 8, und steht fest für den Homeriker Seleukus[3]), aus dessen 5. Buche Περὶ ἑλληνισμοῦ Athenæus IX p. 398 A uns ein Fragment erhalten hat, worin sich für Spiritus die Bezeichnung προσῳδία, für Spiritus asper ἡ δασεῖα findet; πνεῦμα hat bei Dionysius v. Hal., der es De comp. verb. c. 14 häufig gebraucht, noch die Bedeutung „Atem, Hauch", wobei es freilich an einigen Stellen dem grammatischen Gebrauch des Wortes sehr nahe kommt. Des Halikarnassiers Zeitgenosse Tryphon aber verfasste bereits einen Traktat Περὶ πνευμάτων. Dann lesen wir πνεῦμα = Spiritus bei Plut. Mor. (Platon. quæst. 10, 1, 5) p. 1009 E und bei Apollonius Dyskolus, z. B. De coniunct. p. 242, 23 Schn. (= 509, 20 Bekk.). Herodian behandelte die Lehre von den πνεύματα im 20. Buch seiner Καθολικὴ προσῳδία. Häufig begegnet uns der Terminus alsdann in den Scholien zu Dionysius Thrax. —

---

[1]) *G. Uhlig* allerdings (Dionys. Thr. Ars gramm. im Index s. προσῳδία S. 171) vermutet, dass statt ὄρος ὀρός zu schreiben sei und προσῳδία bei Aristoteles noch nicht anders als vom Accent verstanden werden dürfe.

[2]) *Uhlig* (S. 171) bezweifelt es; behandelt ist an der betreffenden Stelle (§ 2 und 3) nur der Accent. Der Terminus πνεῦμα kommt in der Schrift nicht vor.

[3]) Lebte unter Tiberius, vgl. *Christ*, Litt.-G.² S. 516 und *Susemihl*, Alex. Litt. II S. 26.

Vom Hiatus handelt unser Autor in einem längeren Abschnitt (p. 277, 31 — 279, 20); er hält denselben im Gegensatz zu Isokrates für erlaubt, ja unter Umständen sogar für nützlich, namentlich im erhabenen Stil. Als Termini hiefür gebraucht er σύγκρουσις und συγκρούειν (τὰ φωνήεντα), daneben auch σύμπληξις (p. 307, 13 und 326, 24) und συμπλήσσειν (p. 278, 1. 4. 11), einmal auch συνέχεια (p. 278, 6). Ob die ältere Zeit hiefür schon feste Termini besass, vermag ich vorläufig nicht festzustellen. Anaximenes (Ps. Aristot. Rhet. ad Alex. 25 p. 1435ᵃ 34 und 1435ᵇ 16) bedient sich umschreibender Redewendungen: τὰ φωνήεντα ἑξῆς (bzw. παράλληλα) τιθέναι. Philodemus gebraucht die Bezeichnung σύμπτωσις φωνηέντων (Voll. rhet. p. 163 col. II, 2 Sudh.; dies auch bei Dionys. Hal. De comp. verb. 23 p. 180, 2 R. und Eustath. Il. 1 p. 11, 32). Dionysius Thrax aber behandelt den Hiatus nicht. Dagegen lesen wir σύγκρουσις im gleichen Sinne bei Dionys. Hal. Vett. script. cens. 3. 3 p. 429, 6 R. und Plut. Mor. p. 1047 B, συγκρούειν Dion. H. De vi Demosth. 4 p. 964, 1; 43 p. 1092, 4 und Plut. Mor. 350 E und 535 A. Daneben verwendet Dionysius v. Hal. auch andere Ausdrücke: ἀντιτυπία (De comp. verb. 22 p. 168, 15 und 23 p. 184, 12), παράθεσις (ibid. 23 p. 180, 9; De vi Demosth. 38 p. 1069, 7), συμβολή (De comp. verb. 22 p. 169. 6; De vi Demosth. 38 p. 1069, 14; 40 p. 1076, 7) und συμπλοκή (Epist. ad Cn. Pomp. 6 p. 786, 15). Von Terminis der Späteren nenne ich χασμῳδία und ἐπαλληλία (τῶν φωνηέντων). —

In dem gleichen Abschnitt erwähnt unser Autor auch die Synalöphe (συναλοιφή p. 278, 21; συναλείφειν p. 278, 23), einen Terminus, der ebenfalls vor Dionysius v. Hal., Tryphon und Strabo nicht nachweisbar ist, vgl. die Belegstellen bei Beh.-Schw. S. 38, 24. —

Von den Redeteilen erwähnt unser Rhetor zu wenig, als dass wir uns über seinen Standpunkt in dieser Hinsicht ein entschiedenes Urteil erlauben dürften. Sehr häufig spricht er natürlich von den ὀνόματα, ebenso auch von den σύνδεσμοι, einmal auch von dem Artikel, ἄρθρον (p. 266, 10). Deswegen aber anzunehmen, er habe nur diese drei gekannt. wäre gewiss verkehrt; es fehlt ja doch darunter selbst das von Aristoteles schon behandelte ῥῆμα. Uebrigens zeigt sich auch in diesen spärlichen Andeutungen ein gewisser Fortschritt gegenüber Aristoteles. Ob der letztere den Artikel als besonderen Redeteil schon unterschieden hat, ist wenigstens zweifelhaft. Bekanntlich spricht ihm Dion. Hal. De comp. verb. 2 p. 9, 2 und De vi Demosth. 18, p. 1101, 6 R. nur die Entwicklung dreier Redeteile zu, ὀνόματα καὶ ῥήματα καὶ σύνδεσμοι. Nun lesen wir ἄρθρον freilich schon Poët. 20 p. 1457ᵃ 6, doch ist die Stelle wohl verderbt überliefert und die Erklärung daher ausserordentlich erschwert[1]). (Dann begegnet es uns auch Ps. Aristot. Rhet. ad Alex. 25 p. 1435ᵃ 35 ff.).

Auch der Begriff der σύνδεσμοι ist bei Aristoteles noch nicht scharf ausgeprägt; vgl., was Bonitz zu Rhet. 3, 5 (p. 1407ᵃ 24 u. 27; 1407ᵇ 12) bemerkt: „Videtur tamen σύνδεσμος non solum vocabula coniungentia, sed etiam coniuncta inter se orationis membra significare."

Nun könnte es freilich bei flüchtiger Betrachtung des Abschnittes über die σύνδεσμοι παραπληρωματικοί (p. 275, 5—276, 4) scheinen, als ob auch unser Autor den Begriff der σύνδεσμοι noch sehr weit fasse und selbst Adverbium und Interjektion darunter verstehe. Denn da wird in einem Atem mit δή und νύ auch πρότερον (p. 275, 8) genannt, und weiter unten ist wiederholt von αἳ αἵ und φεῦ die Rede. Nun, über πρότερον brauchen wir wohl nicht viele Worte zu verlieren. Denn für so beschränkt werden wir doch selbst die Urheber der famosen Lehre von den σύνδ. παραπλ.[2]) nicht halten dürfen, dass wir annehmen könnten, sie hätten wirklich πρότερον für ein bedeutungsloses Flickwort angesehen[3]). Die Stelle ist vielmehr zweifellos korrupt und es dürfte Muret mit seiner Vermutung ποτέ das Richtige getroffen haben. Was aber die beiden Interjektionen anlangt, so werden dieselben keineswegs etwa als σύνδεσμοι bezeichnet, es wird nur gesagt, dass die σύνδεσμοι vielfach Empfindung (πάθος) ausdrücken, geradeso wie αἳ αἵ und φεῦ, und in dem Schlusssatze (p. 276, 3: ὡς γὰρ παρέλκει τὸ αἳ αἵ καὶ τὸ φεῦ ἐνθάδε, οὕτω καὶ ὁ πανταχοῦ μάτην ἐμβαλλόμενος σύνδεσμος) werden die zwei Interjektionen sogar ausdrücklich dem σύνδεσμος gegenübergestellt. Es ist also gar kein Grund

---

[1]) vgl. *Steinthal*, Gesch. d. Sprachwiss. bei d. Griech. u. Röm. S. 257 f.
[2]) Den Praxiphanes für diese Lehre verantwortlich zu machen (vgl. *H. Rabe*, De Theophrasti libris περὶ λέξεως S. 40), ist nicht angängig; jener hat sich vielmehr, wie dies aus den Worten unseres Rhetors p. 275, 28 ff. unzweideutig hervorgeht, ablehnend gegen dieselbe verhalten, ähnlich wie unser Autor selbst. — Über den Gebrauch der Späteren vgl. *Uhlig* zu Dionys. Thr. p. 97—100 und *Schmid*, Att. I S. 180.
[3]) In der That findet sich πρότερον weder in der Aufzählung der σύνδ. παραπλ. bei Dionys. Thr. noch auch in der von *Uhlig* S. 97 mitgeteilten, sorgfältig zusammengestellten Liste von *Sterk*.

vorhanden, unserem Rhetor die Kenntnis des ἐπίρρημα[1]) bloss deswegen abzusprechen, weil er es nicht eigens erwähnt. —
Ein merklicher Unterschied gegenüber Aristoteles zeigt sich in der **Terminologie der Flexionsformen**. Die Terminologie der Kasus ist bei unserem Autor schon vollständig ausgebildet. Der Ausdruck πτώσεις = casus findet sich öfters (cf. 276, 15; 277, 15. 19; 306, 13), desgleichen die Termini für Nominativ und casus obliqui, cf.

p. 306, 10: ἀπὸ τῆς ὀρθῆς ἀρκτέον.
p. 305, 26: ἐξ εὐθείας ὡδέ πως λέγοιτο.
p. 305, 20: φεύγειν τὰς πλαγιότητας.
p. 285, 21: τὸ πλάγιον μεῖζον τοῦ εὐθέος.

Endlich kommt auch die Bezeichnung für Akkusativ vor:
p. 306, 11: ἀπὸ τῆς αἰτιατικῆς ἀρκτέον.

Bei Aristoteles dagegen steht diese Theorie noch in den ersten Anfängen. Er gebraucht wohl auch den Ausdruck πτῶσις, aber im allerweitesten Sinne, für „Abwandlungsform" überhaupt, sowohl von der Flexion des Nomens wie des Verbums, von der Komparation, von der Bildung des Adverbs und von der Wortableitung, cf. Bonitz, Index s. v. Den Nominativ als die Grundform rechnet er folgerichtig nicht zu den πτώσεις, sondern jener steht im Gegensatze zu diesen; er heisst bei ihm κλῆσις ὀνόματος, cf. Analyt. priora 1, 36 p. 48ᵇ 41 ff., auch kurzweg ὄνομα, De interpret. 2 p. 16ᵇ 3. Die speziellen Namen γενική, δοτική, αἰτιατική kennt Aristot. noch nicht.

Der Ausbau des grammatischen Systems, speziell auch die Unterscheidung der Kasus und ihre Benennung erfolgte durch die Stoiker[2]), besonders durch Chrysippus, unter dessen Schriften sich auch eine Περὶ τῶν πέντε πτώσεων befand. Den ältesten Beleg jedoch für die bewusste Unterscheidung der fünf Kasus (und zugleich für die üblich gewordene Anordnung derselben) bildet das Fragment des Kleochares[3]) bei Herodian, Rh. Sp. III, p. 97, 10 ff. (vgl. Volkmann, Rhetorik² S. 470).

Diese Terminologie finden wir dann von den Späteren, wie Dionysius Thrax, Dionysius v. Hal., Strabo u. a. allgemein recipiert. —

---

[1]) Zu diesem rechnen ja die Griechen die Interjektion, vgl. *Steinthal*, Gesch. d. Sprachwiss. S. 577 und *Uhlig* zu Dion. Thr. p. 77, 1 und 80, 1.

[2]) cf. *Christ*, Litt.-G.² S. 505 f. und *Steinthal*, Gesch. d. Sprachwiss. S 294 ff.; etwas zurückhaltender urteilt *K. E. A. Schmidt*, Beiträge z. Gesch. d. Gramm. des Griech. u. Lat. S. 257 ff.

[3]) Zeitgenosse des Philosophen Arkesilaos (315—241 v. Chr.), des Stifters der mittleren Akademie.

Die Terminologie der Verbalflexion ist in unserer Schrift bloss vertreten durch συντέλεια, p. 309, 3 (καὶ τὸ ἐπιφερόμενον δὲ, τὸ „ἀπωλόμην" ἀντὶ τοῦ ἀπόλλυμαι ἐναργέστερον αὐτῇ τῇ συντελείᾳ ἐστί· τὸ γὰρ δὴ γεγονὸς δεινότερον τοῦ μέλλοντος ἢ γινομένου ἔτι.). Unser Autor erwähnt hier die drei Hauptzeiten: Gegenwart, Vergangenheit und Zukunft. Es wäre jedoch ebenso verkehrt, aus dieser Stelle folgern zu wollen, dass er nur diese drei Zeiten unterschieden habe, wie anzunehmen, dass τὸ γεγονός, τὸ μέλλον und τὸ γινόμενον als eigentliche Termini technici zu fassen seien. Auch bezeichnet συντέλεια nicht eine einzelne, bestimmte Zeit, etwa das Perfekt, sondern es ist ein gemeinsamer Name für die Zeiten der Vergangenheit, auch für den Aorist (vgl. ἀπωλόμην), also — „Präteritum".

Als grammatischen Terminus gebrauchen συντέλεια zuerst die Stoiker, die ja überhaupt die Theorie der Tempora erst entwickelt haben (vgl. Steinthal, Gesch. d. Sprachwiss. S. 300), und zwar im Sinne von „Vollendung", im Gegensatz zur „Dauer", παράτασις (Steinthal S. 303); dem entsprechend heisst das Perfekt bei ihnen ἐνεστὼς συντελικός (sc. χρόνος), das Plusquamperfekt παρῳχημένος συντελικός (Steinth. S. 302). Der stoischen Termini bediente sich vermutlich auch Aristarch, während das einfache (und also unbestimmte) συντελικόν bei ihm den Aorist bezeichnete (Steinth. S. 471). Bei Dionysius Thrax kommt συντέλεια nicht vor, nur in der Bezeichnung für Plusquamperfekt, ὁ ὑπερσυντελικός, ist der Stamm des Wortes enthalten; das Präteritum heisst bei ihm ὁ παρεληλυθώς (13 p. 53, 1 sqq. ed. Uhl.). Daraus dürfen wir jedoch nicht schliessen, dass der Terminus συντέλεια nun ausser Gebrauch gewesen sei. Für die Tempora der Vergangenheit hatten noch spätere Grammatiker den Namen συντελικοί neben παρῳχημένοι (Steinth. S. 654). Auch Apollonius Dyskolus unterscheidet zwischen συντέλεια und παράτασις und definiert einmal (De constr. p. 205, 15 Bekk.) das Perfekt als ἐνεστῶσα συντέλεια (Steinth. S. 655). Ebenso lesen wir Etym. M. p. 472, 23: οὐ γὰρ παράτασιν σημαίνει τὸ Οἱ δ' ἴξον, ἀλλὰ συντέλειαν. — Im gleichen Sinne finden wir ferner συντελείωσις gebraucht bei Apollon. Dysc. De constr. p. 71, 1 B. Das Adjektiv συντελικός — „auf das Präteritum bezüglich, zum Pr. gehörig" lesen wir Ps.[1]) Apollon. Lex. Hom. s. v. Ἴον p. 93, 33 Bekk. (μετοχὴ συντελική) u. Chœrobosc. Dict. in Theodos. can. p. 479, 31: συντελικὸς γὰρ

---
[1]) cf. Christ, Litt.-G.² S. 635.

ὁ πεπληρωμένος (sc. χρόνος), das Adverb συντελικῶς bei Ps. Apollon. a. a. O., ferner Schol. Hom. Il. A, 600; I, 578. Dafür findet sich auch συντελεστικός (opp. παρατατικός) bei Sext. Emp. Adv. math. 10, 91. 92. 97. 98. 100. 102 u. den Grammatikern, ebenso συντελεστικῶς bei Sext. Emp. ibid. 10, 101. Aus diesen Ausführungen dürfte hervorgehen, dass der Gebrauch von συντέλεια an unserer Stelle keineswegs als Beweis für die Entstehung der Schrift vor Dionysius Thrax benutzt werden darf.

Es möchte sich nun noch fragen, wie das Wort zu der Bedeutung „Vollendung, Vergangenheit" gekommen ist. Denn bei den Früheren bezeichnet es bekanntlich „das Zusammensteuern", so auch Ps. Aristot. Rhet. ad Alex. 2 p. 1423^b 1, oder allgemeiner „das Zusammenwirken", so bei Plato, Legg. 10 p. 905 B.

Die Überleitung zu unserem Gebrauche bildet die Bedeutung „Ende, Vollendung", die sich zuerst in der Septuaginta findet (Deut. 11, 12; Dan. 12, 4. 13; Jer. 4, 27; 5, 10. 18; Nehem. 9, 31, vgl. Schleusner, Lex. N. T. s. v.), dann auch bei Polybius sehr häufig ist (vgl. Schweigh. Lex. Polyb.) und natürlich bei den Späteren erst recht gebräuchlich wird, so bei Diodor, Dionysius v. Hal., Strabo, im N. T. u. s. w. Dem entspricht der Gebrauch von συντελικός im Titel einer der logischen Schriften des Chrysippus (aufgezählt bei Diog. Laërt. 7, 190): Περὶ συντελικῶν ἀξιωμάτων = „De perfectis enuntiatis." Eine weitere Stufe der Entwicklung aber stellt der rhetorische Terminus στάσις συντελική dar, welchen nach Quintil. 3, 6, 47 der Rhetor Athenaeus[1]) für den status coniecturalis (στοχασμός) aufbrachte und welchen die Römer (nach Quint. 3, 6, 40 u. 50) mit „status facti" wiedergaben. —

Das Gebiet der Syntax, und zwar die Lehre von den Satzarten, streift unser Autor andeutungsweise, indem er in den §§ 296 und 297 die Ausdrucksweise verschiedener Philosophen charakterisiert; die aristippische Manier sei

---

[1]) Athenäus wird von Quintil. 3, 1, 16 vor Apollonius Molo, dem Lehrer Ciceros, aufgeführt und als „par atque aemulus Hermagorae" bezeichnet. Dieser Hermagoras lebte nach *G. Thiele* (Hermagoras. Ein Beitrag z. Gesch. d. Rhet., Strassburg 1893 S. 177 und 181) in der 1. Hälfte des 2. Jahrh. vor Chr., nach *Susemihl* (Alex. Litt. II S. 471) und *Volkmann* (Rhet.² S. 11) um die Mitte, spätestens gegen Ende dieses Jahrhunderts (*Christ* allerdings, Litt.-G² S. 623 A. 5., setzt ihn in die 1. Hälfte des 1. Jahrh. vor Chr.); also muss auch Athenäus wohl spätestens gegen Ende des 2. vorchristlichen Jahrhunderts gelebt haben.

die Form der einfachen Aussage und Behauptung (p. 325, 26: ἀποφαινόμενος καὶ κατηγορῶν φησιν), die sokratische die Form der Frage (ἐρώτησις p. 326, 6); die Methode Xenophons aber wird mit ὑποθετικῶς (p. 325, 31) bezeichnet, was nach dem Zusammenhang nichts anderes bedeuten kann als „in der Form der Vorschrift". Ein eigentlicher Befehlsatz ist das beigefügte Beispiel freilich nicht, doch ist δεῖ mit Infinitiv schliesslich ja auch nichts weiter als eine Umschreibung des Imperativs. Dafür hat man aber sonst andere Ausdrücke. Protagoras gebrauchte für „Befehl" ἐντολή (vgl. Steinthal, Gesch. d. Sprachwiss. S. 132 f.) oder ἐπίταξις (cf. Aristot. Poët. 19, p. 1456ᵇ 17), und erstere Benennung wählte auch Aristoteles (ib. p. 1456ᵇ 11); die Stoiker nannten die Befehlform τὸ προστακτικόν (cf. Diog. Laërt. 7, 66), und dem entsprechend heisst der Imperativ bei Dionysius Thrax (p. 47, 3 Uhlig = p. 638, 7 Bekk.) und bei den späteren Grammatikern ἡ προστακτική (sc. ἔγκλισις).

ὑποθετικός begegnet uns überhaupt zum ersten Male in den Titeln einiger Schriften des Chrysippus, die bei Diog. Laërt. 7, 196 und 197 aufgezählt sind. Der Umstand, dass dieselben nicht zu den ethischen, sondern zu den logischen Schriften gehören und dass einige Male λύσις hinzutritt (Λύσις τῶν Ἡδύλου [bzw. Ἀλεξάνδρου] ὑποθετικῶν), macht es wahrscheinlich, dass zu übersetzen ist „hypothetische Erörterungen, Hypothesen". Als Bezeichnung einer Satzart verwendeten das Wort ebenfalls schon die Stoiker, nach Diog. Laërt. a. a. O.: διαφέρει δὲ ἀξίωμα καὶ ἐρώτημα καὶ πύσμα, προστακτικὸν καὶ ὁρκικὸν καὶ ἀρατικὸν καὶ ὑποθετικὸν καὶ προσαγορευτικὸν κτλ. Doch ist die Bedeutung „Befehlsatz" hier völlig ausgeschlossen, da bereits προστακτικόν vorausgeht, vielmehr ist ὑποθετικόν mit Steinthal a. a. O. S. 310 zu fassen als „der voraussetzende Satz", die Annahme[1]). — Häufig wird dann ὑποθετικός (= „kondizional, bedingungsweise") bei den Schriftstellern der Kaiserzeit, so bei Musonius (Stob. Flor.), Arrian (Epict.), Sextus Empirikus, Galenus u. a.

Dagegen ist die an unserer Stelle notwendige Bedeutung selten und erst spät nachweisbar. Ich finde sie nur

---

[1]) *Bernhardy* (Suid. s. ἀξίωμα) übersetzt: „oratio, qua condicionem ponimus." *Hübners* Übertragung „substantivum" ist sinnlos. — Indes haben schon *Aldobrandini* und *Ménage* die Worte καὶ ὁρκ. κ. ἀρ. κ. ὑποθ. ausgelassen, und es liegt in der That nahe, an eine Interpolation zu denken, da bald das eine, bald das andere dieser drei Glieder in den Handschriften fehlt und ferner im Nachfolgenden von allen anderen Arten eine genauere Definition gegeben wird, nur von diesen dreien nicht.

in dem Fragment des Musonius bei Stob. Flor. 117, 8 (Meineke t. IV p. 89, 20): οὗτος ἂν εὖ ποιοίη ζητῶν λόγων ἀκούειν ὑποθετικῶν παρὰ τῶν πεποιημένων ἔργον, εἰδέναι τίνα μὲν βλαβερὰ κτλ., und ebenso dürfte bei Arrian, Epict. dissert. 1, 26, 1. 9 u. 12 οἱ ὑποθετικοί (sc. λόγοι) im Sinne von „Lebensregeln" zu fassen sein, synonym mit νόμος ὑποθετικός, νόμος βιωτικός, τὰ βιωτικά.

Doch ist auch diese Bedeutung in der älteren Gräcität wenigstens vorbereitet. ὑποτίθεσθαι = „anraten, raten" findet sich schon bei Homer, Herodot und den Attikern, und in stärkerer Bedeutung = „einem etw. anbefehlen" steht es bei Hdt. 4, 135: ταῦτα τοῖσι ὑπολειπομένοισι ὑποθέμενος ὁ Δαρεῖος κτλ.; ὑποθήκη = „Ermahnung, Warnung, Rat, Lehre" lesen wir oft bei Herodot u. sonst (z. B. Isocr. 2, 43; Antiph. 1, 17; Aristot. Rhet. 2, 13 p. 1389ᵇ 23), ὑπόθεσις dagegen in diesem Sinne erst seit Polybius. —

B. Rhetorische Kunstausdrücke.

Auch in der rhetorischen Terminologie unterscheidet sich unser Autor wesentlich von Aristoteles, und die Zahl der Ausdrücke, die erst in der Kaiserzeit nachweisbar sind, ist eine verhältnismässig grosse. Dabei dürfen wir freilich nicht übersehen, dass dies zum Teil daher rühren mag, dass wir von den Leistungen der Alten auf dem Gebiete der Rhetorik für die lange Zwischenzeit zwischen Aristoteles und Anaximenes einerseits, Cicero und Philodemus andererseits, die doch auch nicht ganz unfruchtbar an Erzeugnissen war, so gut wie gar nichts besitzen. Immerhin lassen sich doch auch hier mancherlei Anhaltspunkte gewinnen, die für die Bestimmung der Lebenszeit unseres Rhetors von Belang sind.

Gleich der Titel der Schrift zeigt eine beachtenswerte Abweichung vom aristotelischen Sprachgebrauch. ἑρμηνεία bedeutet nämlich hier sowie an zahlreichen Stellen unserer Schrift so viel wie „Stil, rednerischer Ausdruck" = elocutio. In diesem Sinne verwendet Aristoteles λέξις. ἑρμηνεία bedeutet bei ihm „Ausdruck der Empfindungen oder Gedanken durch Worte oder Laute" oder „Aussage, aussagendes Urteil",[1]) enuntiatum, im Sinne der Logiker, so im Titel der Schrift

---
[1]) vgl. Steinthal, Gesch. d. Sprachwiss. S. 232.

Περὶ ἑρμηνείας.¹) Nur an einer Stelle (Top. 6, 1 p. 139ᵇ 13 und 14) heisst es „Ausdrucksweise", dies aber auch nur im engeren Sinne, beschränkt auf die ἐκλογὴ τῶν ὀνομάτων. Umgekehrt geht in der Rhetorik an Alexander ἑρμηνεία vorzugsweise auf die σύνθεσις τῶν ὀνομάτων, cf. c. 24 p. 1436ᵃ 3, zusammengehalten mit c. 7 p. 1428ᵃ 10 u. c. 29 p. 1437ᵃ 21. Bei Philodemus ferner ist ἑρμηνεία öfters im Sinne von „Ausdrucksweise, Sprache, Diktion" gebraucht (cf. Voll. rhet. p. 175 col. XV, 14; p. 187, 20; p. 188, 19 ed. Sudhaus), doch bezieht es sich zugleich noch auf die grammatische Form (cf. p. 154 col. XI, 6: Ἑλληνικὴ ἑρμηνεία im Gegensatz zum σολοικίζειν und βαρβαρίζειν).

Völlig im gleichen Sinne aber wie bei unserem Autor steht ἑρμηνεία bei Dionysius v. Hal. an vielen²) Stellen, z. B. De comp. verb. 1 p. 5, 1; 3 p. 13, 2. 15, 10 R.;
De Isocr. iud. 3 p. 541, 14;
Ep. ad Cn. Pomp. 5, 6 p. 782, 5;
De Thuc. iud. 51, 3 p. 941, 9;
ebenso bei Philo (z. B. t. I p. 158, 12 ed. Mang.), Ps. Longin De subl. (5, 1; 43, 3; ähnlich τὰ ἑρμηνευτικά 23, 1) und bei vielen Späteren. —

Synonym damit ist der Ausdruck ἀπαγγελία p. 287, 27. Dieses steht zwar in einer Definition des Theophrast, doch hat ohne Zweifel unser Autor hier nur dem Sinne nach, nicht wörtlich citiert, wie er dies öfter thut (vgl. Göller zu § 130 u. 269). Aristoteles kennt diese Bedeutung des Wortes noch nicht, eben so wenig verwendet er φράσις, sondern nur λέξις, und auch Theophrast hat seine vom rednerischen Ausdruck handelnde Schrift betitelt: Περὶ λέξεως (vgl. die Dissert. v. H. Rabe). Die ältesten Belegstellen für diesen Gebrauch von ἀπαγγελία finden sich bei Dionysius v. Hal., der es mehrfach verwendet; von da an wird es häufiger, bei Aristides (De orat. civ. et. simpl.) ist es sogar der stehende Ausdruck. Ich lasse eine übersichtliche Zusammenstellung folgen:

Dion. Hal. De comp. verb. 20 p. 142, 6 R.;
— Vett. cens. 4, 1 p. 430, 4; 5, 2 p. 433, 1;
Ps. Dion. H. Rhet. 5, 7 p. 257, 14; 6, 6 p. 267, 1;
Plut. Moral. p. 45 A;

---

¹) Übrigens will es auch hier *Th. Waitz*, Aristot. Org. I S. 324 von der „communicatio sermonis" verstehen.
²) Mit Unrecht behauptet *G. Thiele*, Hermagoras S. 141: „Ganz selten findet sich ἑρμηνεία" (im Sinne von *elocutio*).

Dio Chrysost. Or. 18, 10. 11. 14. 19;
Ps. Longin, De subl. 43, 3;
Theon, Progymn. (Rh. Sp. II) 3 p. 74, 8; 5 p. 101, 3. u. 6;
Aristid. De orat. civ. 1, 1, Rh. Sp. II p. 459, 15 und sonst;
Hermog. Progymn. 1 extr., Rh. Sp. II p. 4, 12;
Apoll. Dysc. De constr. p. 132, 15 Bekk.;
Herodian De fig. Rh. Sp. III p. 94, 3;
Joann. Chrysost. Περὶ ἱερωσύνης c. 4;
Agathias, Hist. præf. p. 3 A. —

Im gleichen Sinne steht ferner auch γραφή, cf. p. 289, 2: τῆς γραφῆς ὁ ὄγκος, und p. 305, 6: φεγγέτω ἡ σαφὴς γραφὴ καὶ τὰς ἀμφιβολίας. Ähnlich gebraucht auch Philodemus das Wort, cf. Voll. rhet. p. 159, col. XVI, 17 Sudh.: τῇ περιωδευμένῃ προσφορᾷ καὶ γραφῇ. Anders ist es bei unserem Autor p. 311, 17 u. 18 zu fassen, wo es bedeutet „der schriftliche Ausdruck" (vgl. ἡ γραφικὴ λέξις p. 304, 14 u. Aristot. Rhet. 3, 12). —

Hier schliesse ich sogleich zwei Verba an, die desselben Stammes sind, wie die vorerwähnten Substantiva. ἑρμηνεύειν steht p. 289, 4. 10 u. 13 in der speziellen Bedeutung „darstellen, schildern". Das scheint neu zu sein; ich finde Ähnliches nur noch bei Lucian, Qu. hist. 6. Dagegen finden wir es in der allgemeineren Bedeutung „(seine Gedanken durch Worte) andeuten, ausdrücken" significare schon bei Antiph. 3, 2, 1; Thuc. 2, 60, 4; Xen. Oec. 11, 23 u. Memor. 1, 2, 52; Plato, Legg. 12 p. 966 B; auch bei Aristot. Soph. elench. 4 p. 166[b] 11 u. 15 (synonym mit τῇ λέξει σημαίνειν); ebenso in der Rhet. ad Alex. 36 p. 1441[b] 22: αἰνιγματωδῶς ἑρμηνεύειν (αἰσχρὰς πράξεις d. h. μὴ αἰσχροῖς ὀνόμασι λέγειν); ibid. 25 p. 1435[a] 4. 29; 1435[b] 23: εἰς δύο ἑρμηνεύειν εἰς δύο λέγειν (von zweigliedriger Redeweise), dann auch bei Dion. H. De comp. verb. 25 p. 205, 11; De Thuc. iud. 42 p. 920, 16 R. —

ἀπαγγέλλειν aber im Sinne von ἑρμηνεύειν „ausdrücken" lesen wir p. 313, 17: ὅταν πρᾶγμα μέγα σμικροῖς ὀνόμασιν ἀπαγγέλλῃ, in welcher Bedeutung es bis jetzt bloss nachgewiesen ist bei
Plut. Cato maior c. 12;
Aristid. De orat. civ. 1, 1, Rh. Sp. II p. 459, 22;
Pollux 6, 149;
Eunap. Vit. soph. (Liban.) p. 99 Boiss.
Joseph. Rhacendyt. bei Walz, Rh. III p. 522, Anm.

Auch das Adjektiv ἀπαγγελτικός enuntiativus findet sich erst spät. cf.

Arrian, Epict. dissert. 2, 23, 2;
Schol. Aristoph. Ach. 9;
Schol. Dionys. bei Bekk. Anecd. II p. 676, 17;
Joseph. Rhacendyt. a. a. O.
[Bei Euseb. Demonstr. evang. 5, Prooem. 1 bedeutet es „verkündend", bei Eustath. Il. p. 122, 18 und 173, 13 (Schol. Hom. Il. B, 60) „meldend, berichtend."] —
Bemerkenswert ist ferner p. 283, 7 u. 31: λόγος πεζός „Prosa". Zwar gebrauchte schon Plato πεζῇ = „sermone pedestri" (opp. μετὰ μέτρων) Soph. p. 237 A (vgl. auch Aristoph. frg. 713: παῦσαι μελῳδοῦσ᾽, ἀλλὰ πεζῇ μοι φράσον), doch wurde dies zu Platos Zeit jedenfalls als ein kühner Ausdruck empfunden, der zunächst ohne Nachahmung blieb. Aristoteles verwendet ihn nicht, und wenn Diog. Laërt. 3, 37 sagt: φησὶ δ᾽ Ἀριστοτέλης τὴν τῶν λόγων ἰδέαν αὐτοῦ μεταξὺ ποιήματος εἶναι καὶ πεζοῦ λόγου, so sind wir vollauf berechtigt anzunehmen, dass Diogenes die Worte des Aristoteles nicht wörtlich, sondern nur dem Sinne nach citiert hat. Ferner wird bei Dionys. Thr. 13 p. 22, 5 Uhl. πεζῆς λέξεως von Uhlig (Add. p. LXXXIII, 3) aus sachlichen Gründen angefochten. Dagegen lesen wir bei Philodemus πεζολογία (Voll. rhet. p. 175, 13 und 197, 19 Sudh.) und παρὰ τοῖς πεζῶς διειλεγμένοις (p. 165, 25). Desgleichen ist „sermo pedestris" bei Horaz, A. P. 95, nur eine Übertragung des griechischen Ausdrucks[1]). Sehr häufig gebraucht dann Dionysius v. Hal. πεζός = „prosaisch" (πεζῇ λέξις De comp. verb. c. 11 p. 54, 3 R.; ib. p. 64, 6; 19 p. 132, 5; 20 p. 145, 6; 23 p. 182, 2; 26 p. 212, 9; De vi Demosth. 40 p. 1079, 4 und 48 p. 1104, 10. πεζὸς λόγος De comp. verb. 26 p. 221, 2. πεζῇ φράσις De Thuc. iud. 23, 6 p. 865, 17. Vgl. auch De iis, quae Thuc. propr. s. 2, 2 p. 790, 9.), dabei zeigt jedoch das von ihm De comp. verb. p. 54, 3 beigesetzte λεγόμενος (μέτρον ἢ μέλος ἢ τὴν λεγομένην πεζὴν λέξιν), dass der Ausdruck zu der Zeit, da Dionysius dies schrieb, noch nicht allzu lange im Gebrauch gewesen sein muss, da er es für nötig hielt, ihn durch den Zusatz etwas zu mildern und abzuschwächen. Auch Strabo (1, 2, 6) verwendet πεζὸς λόγος und πεζὴ φράσις, und alle diese Ausdrücke begegnen uns dann auch bei den Späteren, so bei Plutarch, Lucian, Pausanias, Dio Cassius u. a.

---

[1]) Vgl. auch Sat. 2, 6, 17: *Musa pedestris* und Carm. 2, 12, 9: *historiae pedestres*, sowie Quintil. 10, 1, 81: Multum enim (Plato) supra prosam orationem, quam pedestrem Graeci vocant, surgit.

Den gleichen Sinn hat in unserer Schrift auch das einfache λόγος bzw. λόγοι, cf. p. 260, 15; 280, 7; 282, 21. p. 270, 16 u. 280, 15 bedeutet es „Prosaschrift, Prosawerk", womit man auch p. 287, 3 vergleiche. Jenes findet sich übrigens auch schon bei Plato und Aristoteles häufig, daneben λόγος ψιλός und bei Aristoteles λέξις. —

Ganz konsequent ist es, dass dann unser Autor auch λογικός im Sinne von „prosaisch" gebraucht, (vgl. Beh.-Schw. S. 36 A. 2), so p. 259, 5: ὥσπερ ἡ ποίησις ..., οὕτω καὶ τὴν ἑρμηνείαν τὴν λογικήν ..., ebenso p. 272, 1. 3. 6 und 288, 17. In diesem Sinne finde ich λογικός nur noch gebraucht bei Dion. Hal. De comp. verb. 11 p. 64, 15 R. und Diog. Laërt. 5, 85. Aristoteles sagt dafür ganz im gleichen Sinne λεκτικός, cf. Poët. 4 p. 1449ᵃ 24 u. 27; besonders lehrreich aber ist die Vergleichung von Aristot. Rhet. 3, 8 p. 1408ᵇ 33: ὁ μὲν ἡρῷος σεμνὸς καὶ λεκτικῆς ἁρμονίας δεόμενος (denn so ist zweifellos mit Tyrwhitt u. Spengel zu schreiben) mit der Nachahmung dieser Stelle bei unserem Autor p. 272, 3: ὁ μὲν ἡρῷος σεμνὸς καὶ οὐ λογικός.

Dichterisch ist λόγιος bei Pind. Pyth. 1, 94 (183) u. Nem. 6, 47 (51), = „der sich der gewöhnlichen, der prosaischen Rede Bedienende, der Erzähler" im Gegensatze zu ἀοιδός. —

In einem davon völlig verschiedenen Sinne, = μεγαλοπρεπής, steht λόγιος p. 270, 24: ἄρξομαι ἀπὸ τοῦ μεγαλοπρεποῦς, ὅνπερ νῦν λόγιον ὀνομάζουσιν. Diese Stelle ist äusserst wichtig für die Bestimmung des Alters unserer Schrift. Schon der alte Nunnesius (Piedro Juan Nunnez † 1602) zog dieselbe zum Vergleich heran mit den Worten des Phrynichus p. 198 Lob.: Λόγιος, ὡς οἱ πολλοὶ λέγουσιν ἐπὶ τοῦ δεινοῦ εἰπεῖν καὶ ὑψηλοῦ, οὐ τιθέασιν οἱ ἀρχαῖοι, ἀλλ' ἐπὶ τοῦ τὰ ἐν ἑκάστῳ ἔθνει ἐπιχώρια ἐξηγουμένου ἐμπείρως, und Göller (in den Animadvv. z. d. St. S. 101) erblickte darin eine Bestätigung der Annahme Murets und anderer, dass unsere Schrift erst lange nach Demetrius von Phaleron abgefasst sei. Liers, Diss. S. 27, bezeichnet Göllers Erklärung der Phrynichusstelle als falsch; denn „ὁ δεινὸς εἰπεῖν καὶ ὑψηλὸς est is, in quo magna est facultas ornate dicendi." Dabei hat er jedoch den wichtigen Zusatz καὶ ὑψηλός ganz ausser acht gelassen, der mit „ornate" doch nicht wiedergegeben sein kann, und bloss das δεινὸς εἰπεῖν im Auge gehabt, wie dies klar daraus hervorgeht, dass er fortfährt: „ea significatio vocis δεινός est usitatissima apud rhetores et scriptores".

Göller dürfte im wesentlichen das Richtige getroffen haben; ungenau ist an seiner Erklärung nur, dass er übersetzt: „de forti et sublimi dicendi genere (i. e. de charactere μεγαλοπρεπεῖ sive magnifico)". Denn wie der Gegensatz ἐπὶ τοῦ ... ἐξηγουμένου deutlich zeigt, können δεινοῦ und ὑψηλοῦ nicht als Genitive des Neutrums, sondern nur als Masculina aufgefasst werden, und es kann dazu auch nicht etwa χαρακτῆρος, sondern nur ἀνδρός ergänzt werden (= „von dem, der redegewaltig ist und erhaben in der Sprache"). Im übrigen ändert dies an der Sache nichts, und mit Recht halten darum Hammer (Progr. S. 19 f.), Volkmann (Rhetorik[2] S. 539) und Beheim-Schwarzbach (S. 10) daran fest, dass die Worte des Phrynichus auf die Stilart zu beziehen sind. Freilich meint Hammer, daraus dürfe man noch nicht schliessen, dass der Autor unserer Schrift ebenfalls, wie Phrynichus, in die Zeit der Antonine gehöre; denn dem Phryn. sei λόγιος ein Vulgärausdruck, unserem Autor aber eine neue Bezeichnung und nicht etwa ein schon lange gebräuchlicher Kunstausdruck, da er sonst statt ὀνομάζουσιν sicher ὀνομάζομεν gesagt haben würde. Hammer hält sich darum für berechtigt, die Lebenszeit unseres Rhetors bedeutend hinaufzurücken (etwa in den Anfang des 1. Jahrh. vor Chr.)

Indes seine Schlussfolgerung ist nicht zwingend. Richtig ist, dass dem νῦν ὀνομάζουσιν zufolge der Ausdruck seit noch nicht gar langer Zeit in Gebrauch sein kann. Richtig ist ferner, dass, ehe λόγιος Vulgärausdruck wurde, was es zu des Phrynichus Zeit war, es einer gewissen Zeit zur Einbürgerung bedurfte. Aber waren dazu mehrere Jahrhunderte nötig? Genügten nicht einige Jahrzehnte? Dazu kommt, dass damals, als unser Autor dies schrieb, der Ausdruck, wenn auch noch ziemlich neu, doch immerhin schon allgemein üblich gewesen sein muss, sonst würde er nicht schlechthin ὀνομάζουσιν gesagt haben, sondern ὀνομάζουσί τινες oder ἔνιοι. Der Umstand aber, dass er ὀνομάζουσιν und nicht ὀνομάζομεν schrieb, beweist nur, dass er für seine Person den Ausdruck nicht recipiert hat, vielleicht weil er ihm nicht treffend, nicht bezeichnend genug erschien. Unser Autor steht demnach auf einem ähnlichen ablehnenden Standpunkte wie Phrynichus, und wir können Beheim-Schwarzbach nur beipflichten, der zu dem Resultate kommt, „ab Phrynichi aetate libelli auctorem non nimis procul afuisse."

Eine weitere Parallelstelle wollte Walz bei Plut. De glor. Athen. 5 gefunden haben, doch legt man dort den Worten

Σοφοκλέους λογιότης jetzt allgemein den Sinn bei: facundia, "Wohlredenheit, gleichmässige Schönheit der Rede des Sophokles".

Dagegen scheint bei dem von Hammer S. 19 citierten Kompilator Joseph Rhacendyta (bei Walz, Rh. III p. 552 Anm. u. 530 Anm.) λογιότης in der That "Erhabenheit" zu bedeuten. —

Hieran reiht sich dann ganz von selbst ἐξαίρεσθαι "einen höheren Schwung nehmen" (von der Rede), cf.

p. 288, 17: τὸ ἐν τῇ ἑρμηνείᾳ ἐξηρμένον.

p. 312, 32: ἔστωσαν τοιαῦται ἐπιστολαὶ μικρὸν ἐξηρμέναι πως.

p. 321, 6: τὸ δὲ ἐξαίρεσθαί πως λαμβανόμενον οὐ μέγεθος ποιεῖ μόνον, ἀλλὰ καὶ δεινότητα.

p. 260, 25: τῷ μεγέθει τοῦ κώλου συνεξῇρται[1]) καὶ ὁ λόγος.

Es scheint ἐξαίρειν τὸν λόγον, "der Rede Schwung verleihen", ein nicht gerade häufiger Ausdruck gewesen zu sein. Ich finde es nur noch

Dion. H. Vett. cens. 5, 2 p. 433, 3;
Ps. Dion. H. Rhet. 2, 9 p. 242, 1 R.;
Phrynich. Exc. in Bekk. Anecd. p. 12, 21;
Aristid. Ars rhetor. I, 2, 3, Rh. Sp. II p. 464, 27;
— II, Rh. Sp. II p. 540, 23.

Etwas häufiger wurde in diesem Sinne das andere Kompositum διαίρειν verwendet, cf.

Dion. H. Vett. cens. 5, 3 p. 433. 7 R.;
Ps. Dion. H. Rhet. 1, 8 p. 232, 7 und 6, 6 p. 267, 3 R.;
Ps. Longin, De subl. 7, 1;
Hermog. π. ἰδ. 1, 11, Rh. Sp. II, 317, 10;
2, 11, Rh. Sp. II, 415, 10 u. 29;
Diog. Laërt. 5, 89 (nach der Korrektur v. Casaubonus).

Dem entsprechend bedeutet δίαρσις "elata compositio" bei Ps. Long. De subl. 8, 1, ebenso δίαρμα ibid. 12, 1 und

---

[1]) συνεξαίρειν (τὸν λόγον), "zugleich Schwung verleihen", kommt, wie es scheint, in diesem Sinne nicht weiter vor. Überhaupt ist das Wort eine späte Bildung und erst in der Alexandrinerzeit nachweisbar, so Polyb. 12, 5, 8; 3, 68, 8 (συνεξηχός coni. Casaubonus, συνεξεστηκός Büttner-Wobst, συνεξηκός codd.);
Diodor 17, 72; 36, frgm. 15 (jedoch Wesseling t. II p. 631, 44: συνεξαιρουμένου);
Strabo 3, 5, 7 und intrans. 1, 3, 5; 10, 2, 19; 16, 2, 35.
Aquila (oder Symmachus bzw. Theodotion?), Job 4, 21, cf. Hexaplorum Originis quae supersunt ed. C. Fr. Bahrdt, Lips. 1769.
Über die Häufung der Präpositionen vgl. S. 67 Anm.

Plut. Mor. p. 853 C. (vgl. Wyttenbach, Annot. ad Plut. Mor. II p. 165 C). ἔξαρσις und ἔξαρμα scheinen in diesem Sinne nicht vorzukommen. Dafür gebraucht unser Autor ein anderes Substantiv, nämlich ἐπανάστασις p. 321, 12, das sonst in dieser Bedeutung nicht belegt ist; denn die Erklärung ἐπανάστασις: ἐπανέγερσις in der von Göller beigezogenen Glosse des Hesychius ist zu allgemein und unbestimmt gehalten. —

ἔμφασις. Dieses Wort gebraucht unser Autor in verschiedenen Bedeutungsnuancen, so p. 273, 7 im Sinne von „Schein", species; p. 323, 8 = „Deutlichkeit"; p. 275, 27 = „Bedeutung", significatio; p. 299, 31 u. 324, 20 = „Ausdruck, Andeutung"; von der Figur der Emphase aber p. 322, 9 (u. 291, 11). — Aristoteles verwendet das Wort nur in der Bedeutung „Abspiegelung, Spiegelbild, Bild", vgl. Bonitz; im Sinne von significatio u. species findet es sich nicht selten bei Polybius (vgl. Schweigh. Lex.), als rhetorischer Terminus jedoch begegnet es uns, wenn wir absehen von Philodem. Voll. rhet. p. 177, 24 Sudh., wo es synonym mit σαφήνεια gebraucht zu sein scheint[1]), und von Philo t. II p. 160, 35 Mang., wo es doch wohl significatio, „Sinn, Inhalt" bedeutet, zuerst bei Quintilian (und zwar gleich ziemlich häufig, so 9, 2, 1 u. 64; 8, 3, 83. 86; 8, 2, 11) und bei Plutarch (Mor. p. 747 D), dann auch bei vielen Späteren. Übrigens müssen wir uns wohl davor hüten, anzunehmen, dass der Terminus erst zur Zeit des Quintilian geschaffen worden sei; schon bei Cornif. 4, 53, 67 ist significatio in demselben Sinne verwendet, vgl. Volkm.² S. 505. —

ἀλληγορία ist bei unserem Autor stehender Terminus für eine Rede, „in qua plus latet, quam dicitur". So steht es p. 296, 6; 284, 25. 30; 285, 3. 5. 10. Ferner lesen wir ἀλληγορικῶς p. 315, 7, ἀλληγορέω p. 296, 11 u. 322, 28. Dies alles sind Neubildungen, wie dies ausdrücklich bezeugt wird durch Plut. Mor. p. 19 F: οὓς (μύθους) ταῖς πάλαι μὲν ὑπονοίαις, ἀλληγορίαις δὲ νῦν λεγομέναις, παραβιαζόμενοι καὶ διαστρέφοντες ἔνιοι κτλ. Diese Stelle hat zuerst Valesius benützt, um damit die späte Abfassungszeit der Ἀλληγορίαι Ὁμηρικαί des Heraklitus zu erweisen, und Fischer hat dieses Argument auf unsere Schrift übertragen (vgl. Præf. p. VIII). In der That wird Plutarchs Angabe durch die Untersuchung vollkommen bestätigt. Weder bei Plato noch bei Aristoteles

---

[1]) Eine sichere Entscheidung lässt der arg verstümmelte Text nicht zu.

oder sonst einem der Früheren findet sich ἀλληγορία, wohl aber ὑπόνοια, cf.

Xenoph. Conv. 3, 6: δῆλον γὰρ .... ὅτι τὰς ὑπονοίας (sc. ἐν τοῖς Ὁμήρου ποιήμασιν) οὐκ ἐπίστανται (οἱ ῥαψῳδοί).
Plat. De republ. 2 p. 378 D: θεομαχίας, ὅσας Ὅμηρος πεποίηκεν, ... οὔτ᾽ ἐν ὑπονοίαις πεποιημένας, οὔτ᾽ ἄνευ ὑπονοιῶν. ὁ γὰρ νέος οὐχ οἷός τε κρίνειν, ὅ,τι τε ὑπόνοια καὶ ὃ μή.
Aristot. Eth. Nicom. 4, 14 p. 1128ᵃ 23: τοῖς μὲν γὰρ (poëtis veteris comœdiæ) ἦν γελοῖον ἡ αἰσχρολογία, τοῖς δὲ (poëtis recentioris comœdiæ) μᾶλλον ἡ ὑπόνοια.

Auch bei den Späteren ist es nicht selten, cf.
Ps. Dion. Hal. Rhet. 9, 1 p. 321, 15 R.;
Plut. Alcib. c. 16;
Alciphron 2, 4;
Ps. Herodian in Boissonad. Anecd. III p. 261;
Menander π. ἐπιδεικτ. 6, Rh. Sp. III, 338, 26; 8 p. 341, 26, und charakteristischer Weise wird auch von unserem Autor zweimal ὑπονοεῖν im Zusammenhang mit ἀλληγορία und ἀλληγορικῶς gebraucht, p. 284, 31: πᾶν γὰρ τὸ ὑπονοούμενον φοβερώτερον, u. p. 315, 5: ὑπονοῆσαι τὰ πλεῖστα δεῖ.

Für ἀλληγορία finden sich die ältesten Belegstellen bei Philodemus, Voll. rhet. p. 164 col. III, 22; p. 168 col. VII 10; p. 174 col. XIV, 24; p. 181 col. XXII, 25 Sudh. und bei Cicero, Ad Att. 2, 20 (ἀλληγορίαις obscurabo) und Orator 27 (ἀλληγορία = translatio). Ausserdem lesen wir es bei
Dionys. Hal. De vi Demosth. 5 p. 966, 13 R.;
Heraclit. Alleg. Hom., Titel, c. 5 u. öfter;
Philo Iud. Νόμων ἱερῶν ἀλληγορίαι (t. I p. 50 Mang.), Titel u. sonst;
Ps. Tryphon, De trop. Rh. Sp. III, 191, 15; 193, 18;
Ps. Long. De subl. 9, 7;
Quintil. 8, 6, 44—59; 5, 11, 21; 6, 3, 69; 8, 6, 14; 9, 1, 5. 2, 46;
Celsus ap. Orig. 6, 294 und bei Späteren.

ἀλληγορέω findet sich:
Heraclit. Alleg. Hom. p. 1;
Philo (De Cherub.) I p. 143, 19 Mang.;
N. T. Ep. ad Galat. 4, 24;
Plut. Mor. p. 363 D; 996 B;
Hermog. π. ἰδ. 1, 6, Rh. Sp. II p. 290, 28;
Athen. 2, 69 C u. a.;

ἀλληγορικός:
Ps. Long. De subl. 32, 7;

Artemidor 1, 2;
Hermog. π. ἰδ. 1, 6, Rh. Sp. II p. 290, 23;
ἀλληγορικῶς:
Ps. Plut. Vit. Hom. 102 und bei Späteren. — Völlig synonym mit ἀλληγορία gebraucht unser Autor p. 315, 3 u. 5 auch τὰ σύμβολα. Diese Bedeutung des Wortes ist erst spät nachweisbar. Man kann damit die σύμβολα Πυθαγόρου vergleichen, rätselhafte, in mystische, bildliche Form gekleidete Bezeichnungen oder Vorschriften, cf. Plut. Mor. 727 C (σ. ἐν οἷς παρεκελεύοντο μὴ m. Inf.; σ. λύειν; synonym τὸ ᾐνιγμένον) u. Porphyr. Vit. Pyth. 42, der aus Aristoteles Περὶ τῶν Πυθαγορείων[1]) schöpfte, aber bei dieser Übergangspartie wohl kaum wörtlich citiert hat. Vgl. auch Diog. Laërt. 8, 1 u. 17. —

Über τερθρία vgl. S. 37 f., über περισσοτεχνία S. 68 f.

κακόζηλος p. 303, 2; 314, 4 und κακοζηλία p. 303, 25; 314, 11. Vgl. Beh.-Schwarzb. S. 38 f. — Als Beweis für das verhältnismässig frühe Vorkommen des Wortes κακοζηλία führt Liers, Diss. S. 11, an, dass schon Neanthes von Cyzikus, ein Schüler des Philiskus aus Milet (also etwa um das Jahr 300 vor Chr.) Περὶ κακοζηλίας ῥητορικῆς geschrieben habe; ihm treten mit einigen Modifikationen Hammer (Progr. S. 33) und Brzoska (De canone decem oratorum S. 31) bei[2]). Beheim-Schwarzbach jedoch (S. 38, Anm. 1) weist diese Angabe, „quia ex Eudociæ violario hausta est" zurück, und mit Recht. Denn das „Veilchenbeet" der sogenannten Eudocia gehört in die Kategorie der Schwindelwerke und ist zweifellos nichts weiter als eine um die Mitte des 16. Jahrh. gefertigte Kompilation aus verschiedenen, meist ziemlich trivialen Quellen[3]). Brauchen wir somit dieser

---

[1]) Diese Schrift gehört, wenn sie nicht echt ist, doch sicher der ältesten Alexandrinerzeit an, vgl. *Susem.* I S. 165.
[2]) Noch weiter geht *W. Schmid*, Zur antiken Stillehre (Rh. M. 49, I) S. 137, indem er meint: „Von Neanthes .... ist nicht anzunehmen, dass er erst diesen Begriff *(κακόζηλον)* aufgebracht habe."
[3]) vgl. *Christ*, Litt.-G.[2] S. 704 und *Krumbacher*, Gesch. d. byzant. Litt. S. 275. Für die biographischen Artikel war Suidas die Hauptquelle des Kompilators. Nun gibt aber Suidas von diesem Neanthes nichts derartiges an, sondern sagt einfach: Νεάνθης, Κυζικηνός, ῥήτωρ, μαθητὴς Φιλίσκου τοῦ Μιλησίου. Diese Notiz nimmt der Fälscher wörtlich in sein Werk herüber (p. 309, 14 ed. Villoison), allein sie ist ihm zu dürftig, er muss sich ja doch mit dem Scheine tiefer Gelehrsamkeit umgeben. Die wirklichen Schriften des Neanthes aber (wie sie z. B. aufgezählt sind bei

Nachricht weiter keine Beachtung zu schenken, so bleibt als ältester Autor, der κακοζηλία verwendet, Polybius (10, 22 [25], 10, im Sinne von „prava aemulatio"), und als rhetorischen Terminus lesen wir es zuerst bei dem Rhetor Seneca. Häufig wird es dann seit Quintilian. —

ἀσχημάτιστος, p. 277, 29 = „qui figuras nullas in oratione s. in verbis adhibet." Im gleichen Sinne steht es auch bei Ps. Plut. Vit. decem. orat. p. 835 B. Von der Rede (=„figuris carens, non figuratus") gebrauchen es

Dion. Hal. Epist. ad Cn. Pomp. 5, 4 p. 781, 5 R: φράσις ἀ.;
Ps. Dion. H. Rhet. 9, 1 p. 322, 5; 9, 13 p, 360, 9 und 15 λόγος ἀ.;
Quintil. 9, 1, 13: orationem ἀσχημάτιστον;
— 8, 3, 59; ἀσχημάτιστον (coni. Halm; ἀσχήματον codd.), und ebenso spätere Grammatiker und Rhetoren, z. B.
Alex. De fig. 1, 2, Rh. Sp. III p. 11, 22.

Das Adverb ἀσχηματίστως („non figurate, sine figuris") lesen wir:

Ps. Dion. H. Rhet. 10, 11 p. 385, 9 R.;
Anonym. Epitome bei Walz, Rh. III p. 644;
Tzetzes in Cram. Anecd. Oxon. vol. 4 p. 123, 13.

Bei den Früheren bedeutet ἀσχημάτιστος „ungeformt, formlos", so bei Plato, Phaedr. p. 247 C und Aristot. Phys. 1, 7 p. 191ᵃ 2. —

ἡδονὴ λόγου „Anmut der Rede", = χάρις λόγου, cf. p. 280, 15; 301, 19. 26; 302, 4. Schon Aristoteles spricht von einer λέξις ἡδεῖα, welche er von der λ. μεγαλοπρεπής unterscheidet (Rhet. 3, 12 p. 1414ᵃ 19. 21. 26; vgl. auch 3, 9 p. 1409ᵇ 1), den Ausdruck ἡδονὴ λόγου kennt er jedoch noch nicht. In dem angegebenen Sinne begegnet uns ἡδονὴ zuerst bei Philodemus, Voll. rhet. p. 206, 23 Sudh.[1]), dann

---

Susemihl, Alex. Litt. I S. 618 f.) kennt er nicht, also erdichtet er etwas. Dabei hält er sich an die Angabe des Suidas, N. sei ein ῥήτωρ gewesen, und in Erinnerung an einen kurz zuvor (p. 268, 5 ff.) abgeschriebenen Artikel des Suidas über den Rhetor Kallinikus fährt er fort: ἔγραψε περὶ κακοζηλίας ῥητορικῆς, καὶ λόγους πολλοὺς πανηγυρικούς. In dem betreffenden Artikel des Suidas (und der Ps.-Eudocia) heisst es unter anderem: Καλλίνικος . . . ἔγραψε πρὸς Δοῦπον περὶ κακοζηλίας ῥητορικῆς . . . καὶ ἄλλα τινὰ ἐγκώμια καὶ λόγους. Die Ähnlichkeit beider Stellen ist unverkennbar. Kürzer äussert sich Suidas s. v. κακοζηλία: Καλλίνικος ἔγραψεν ὁ Σύρος περὶ κακοζηλίας ῥητορικῆς. Kallinikus lebte unter Gallienus (oder unter Constantin).

[1]) Ἃ γὰρ αὖ περὶ τῶν θετικῶν λέγουσιν, ἡδονῆς μὲν γέμει πολλῆς, „das klingt zwar sehr hübsch", wofern ich die Stelle richtig interpretiere.

bei Dionysius von Halikarnass und zwar an zahlreichen Stellen, cf.
De comp. verb. 10 p. 52, 5 R.; 11 p. 53, 12;
Vett. cens. 36, p. 419, 5;
De Lysia iud. 11 p. 477, 1; 482, 7;
De Isaeo iud. 3 p. 590, 1;
De Thuc. iud. 23, 6 p. 776, 12;
Epist. ad. Cn. Pomp. 3, 19 p. 866, 1;
De vi Demosth. 41 p. 1083, 4;
dann bei
Philo Iud. t. I p. 158, 14 Mang.;
Ps. Long. De subl. 5, 1; 29, 2; 44, 1; vgl. auch 39, 1;
Hermog. π. ἰδ. 2, 12, Rh. Sp. II p. 421, 8;
Philostr. Vit. soph. 1 p. 522;
Demetr. Cydones, De contempt. mort. c. 7.

Ganz anderen Sinn dagegen hat der Ausdruck bei Thuc. 6, 83, 3: εἰδότες τοὺς περιδεῶς ὑποπτεύοντάς τι λόγου μὲν ἡδονῇ τὸ παραυτίκα τερπομένοις. Hier bezieht er sich nämlich nicht auf die Form, sondern auf den Inhalt der Rede, = „eine Rede, die ihnen Angenehmes sagt, eine einschmeichelnde Rede", („lockende Darstellung" Krüger), λόγος πρὸς ἡδονὴν αὐτοῖς λεγόμενος, cf. Isocr. 12, 271[1]); es sind darunter die von Hermokrates gegen die Athener gerichteten Verdächtigungen zu verstehen, die den von den Kamarinäern gegen Athen ohnehin schon gehegten Argwohn als begründet erscheinen lassen und darum von diesen gerne gehört werden. — Ebendas. 3, 40, 1 endlich darf ἡδονή nicht mit Krüger durch χάρις, γλυκύτης erklärt werden, sondern es bezeichnet die Stimmung des Zuhörers, wie die Zusammenstellung mit οἶκτος und ἐπιείκεια und das nachfolgende ἡ πόλις βραχέα ἡσθεῖσα zeigen, und λόγων ist Genitivus obiectivus, ἡδ. λ. also = „Behagen an Reden" (vgl. Classen z. d. St. u. zu 1, 84, 2). —

χρεία „Sentenz", p. 299, 29. Die Worte χρείας λαμβάνει τάξιν übersetzt Göller „locum habent necessitatis causa", was jedoch grundfalsch ist. χρεία u. γνώμη sind synonyme Ausdrücke, und zwar wird der seltenere durch den beigefügten häufigeren Ausdruck gestützt und erläutert (vgl. z. B. auch p. 271, 6: τὴν ἐμβολὴν τοῦ κώλου καὶ ἀρχήν). Dieser Gebrauch des Wortes χρεία ist erst in der Kaiserzeit nach-

---

[1]) Zum Vergleich mit dem rhetorischen Terminus jedoch durfte *Liers*, Stilarten S. 699, letztere Stelle nicht heranziehen.

weisbar, doch wird er schon in der alexandrinischen Periode vorbereitet. Unter dem Titel Χρεῖαι, d. i. „Brauchbare Dinge", veröffentlichte der Komiker Machon aus Sikyon c. 240 vor Chr. eine Sammlung pikanter Anekdoten und zwar besonders witziger Äusserungen und interessanter Charakterzüge griechischer Hetären, (vgl. Christ, Litt.-G.[2] S. 464). Hier ist χρεία also im weitesten Sinne gebraucht; ähnlich auch noch bei Quintil. 1, 9, 3—6, wo es im wesentlichen als „dictum vel factum memorabile" charakterisiert wird; doch unterscheidet Quintilian bereits „chriarum plura genera" und zwar nennt er gleich als erste Unterart „unum simile sententiae, quod est positum in voce simplici". Später wird dann unter χρεία gewöhnlich bloss diese Unterart, die „Sentenz" oder das „Witzwort", verstanden, cf.

Plut. Mor. p. 78 F.: χρείας καὶ ἱστορίας ἀναλεγόμενοι.
Ps. Plut. Apophth. Lac. (Mor. p. 218 A): τὴν τοῦ Κλεομένους χρείαν . . . Σωκράτους χρεία.
Diog. L. 5, 18: χρεία = „facete dictum"; 7, 19: „Sentenz" 4, 47: χρειώδη ἀποφθέγματα.
Menander, π. ἐπιδεικτ. Rh. Sp. III p. 392, 31: (οἱ Πλουτάρχειοι βίοι) πλήρεις εἰσὶν ἱστοριῶν καὶ ἀποφθεγμάτων καὶ παροιμιῶν καὶ χρειῶν.

Übrigens blieb man dabei nicht stehen. Solche Sentenzen waren beliebte Themen für Schulaufsätze. Schon Quintilian sagt a. a. O.: „Sententiæ quoque et chriæ et ethologiæ subiectis dictorum rationibus apud grammaticos scribantur." Und so gelangt denn χρεία zu der weiteren Bedeutung: „Gemeinplatz mit der logischen Entwicklung desselben", in welchem Sinne es uns in den Προγυμνάσματα eines Hermogenes, Aphthonius, Theon u. a. entgegentritt. —

ἐνθύμημα. p. 268, 21: τὸ δ' ἐνθύμημα διάνοιά τις ἤτοι ἐκ μάχης λεγομένη ἢ ἐν ἀκολουθίας σχήματι. (Diese Stelle ist benützt von dem Anonym. De fig. Rh. Sp. III, p. 111, 25—27). Die hier gebrauchten Termini sind von Wichtigkeit. Wohl unterschied auch schon Aristoteles dieselben beiden Arten der Enthymeme, doch gebrauchte er dafür die Bezeichnungen ἐλεγκτικά und δεικτικά (vgl. Volkmann, Rhet.[2] S. 192—194). Diese Ausdrücke finden sich vereinzelt auch bei Späteren, so bei Apsines, Rh. Sp. I, 378, 2 u. 379, 20, bei diesem jedoch nicht mehr als eigentliche Termini; ferner bei dem die Rhetorik des Longinus excerpierenden Anonym. De rhet., Rh. Sp. I p. 321, 25 und bei Fortunatian, Ars rhet. 2, 28 (Halm, Rhet. Lat. min. p. 118), daneben unterscheiden die beiden letzteren noch andere Arten von Enthymemen. Doch im allgemeinen finden wir bei den Späteren neue Bezeichnungen.

Die wichtigere der beiden Arten, die darum auch öfter erwähnt wird und von einigen Späteren κατ' ἐξοχήν als ἐνθύμημα bezeichnet wurde, das ἐνθύμημα ἐλεγκτικόν, definiert Aristoteles als eine συναγωγὴ ἐναντίων, und daran knüpften die Späteren an. Der Autor der Rhetorik an Alexander spricht darum c. 11 p. 1430ᵃ 24 von den ἐνθυμήματα als ἐναντιούμενα (οὐ μόνον τῷ λόγῳ καὶ τῇ πράξει, ἀλλὰ καὶ τοῖς ἄλλοις ἅπασι) und Rutilius Lupus rechnet zu den Figuren die „ἐναντιότης, unde sint enthymemata κατ' ἐναντίωσιν" (nach Quint. 9, 2, 106; ἐναντίωσιν Konjektur von Kayser zu Cornificius S. 291 statt des überlieferten αἰτίασιν). Cornificius gebraucht dafür den Terminus „contrarium" (cf. 4, 18, 25; Quint. 5, 10, 2) und ebenso sagt Cicero Top. 13, 55: „illa rhetorum ex contrariis conclusa, quæ ipsi ἐνθυμήματα appellant," und definiert ebendaselbst das Enthymem als „sententia, quæ ex contrariis conficitur".

Andererseits lesen wir bei Cic. Top. 13, 56: „illa ex repugnantibus sententiis conclusio, quæ ... a rhetoribus ἐνθ. dicitur", was sehr an unsere Stelle anklingt. Bei Quintilian finden wir dann die festen Termini: „enthymema ex consequentibus" und „enthymema ex (re)pugnantibus" cf. Inst. Or. 5, 10, 2. 14, 1 u. 2. Die Ähnlichkeit mit unserer Stelle ist augenfällig, besonders in den Worten: „id demum, quod pugna constat, enthymema" (5, 10, 2).

Von griechischen Schriftstellern scheint Arrian der erste zu sein, bei dem sich diese Termini nachweisen lassen, cf. Epict. enchir. c. 51: τί γάρ ἐστιν ἀπόδειξις; τί ἀκολουθία; τί μάχη; τί ἀληθές; τί ψεῦδος; (Vgl. auch Epict. dissert. 1, 7, 22 u. 1, 26, 2). Diesem reihen sich dann an:

Apsin. Rhet., Rh. Sp. I, 376, 27: Πᾶν ἐνθύμημα γίνεται ἢ ... ἢ ἐξ ἀκολούθου συλλογιστικῶς ἢ ἐκ μάχης. Vgl. auch 378, 26; 379, 22 u. 28 ff.[1]);

Minucian. De argum. Rh. Sp. I, 420, 4: τόποι τῶν ἐνθυμηματικῶν ἐπιχειρημάτων ... ἀπὸ τοῦ ἐναντίου, ἀπὸ τοῦ μαχομένου κτλ., u. 422, 24;

---

[1]) Die letztere Stelle gehört nicht mehr zu den Worten des Demosthenes (In Aristogit. 7 p. 807 R.), wie man nach der Interpunktion bei *Walz* und *Spengel* annehmen möchte, sondern ist eine Bemerkung des Apsines.

Anonym. Ars rhet., Rh. Sp. I, 448, 32: εἰσὶ δὲ οὗτοι οἱ τόποι (sc. τῶν ἐπιχειρημάτων) οἵδε· ὅρος, ..., μάχη κτλ., u. 449, 23 ff.

Ohne Beziehung zur Syllogistik steht μάχη im Sinne von „Widerspruch, Gegensatz" bei Arrian, Epict. diss. 1, 11, 18; 2, 11, 13. 17, 14. 19, 1. 2. 4. 24, 15. 26. 1; 3, 23, 34 und bei Apsin. Rh. Sp. I, 365, 11.

Dieser Gebrauch von μάχη scheint den klassischen Schriftstellern fremd gewesen zu sein. Dagegen findet sich allerdings schon frühe μάχεσθαι = „widersprechen, im Widerspruch zu etwas stehen", cf.

Plat. Theaet. p. 155 B: ταῦτα δή, οἶμαι, ὁμολογήματα τρία μάχεται αὐτὰ αὑτοῖς ἐν τῇ ἡμετέρᾳ ψυχῇ[1]).

Aristot.[2]) Metaph. 14, 3 p. 1091ᵃ 6: μάχεται (ταῦτα) καὶ αὐτὰ ἑαυτοῖς καὶ τοῖς εὐλόγοις.

— Eth. Nic. 1, 9 p. 1099ᵃ 12: τοῖς μὲν οὖν πολλοῖς τὰ ἡδέα μάχεται[3]).

Ps. Aristot. Eth. Eud. 7, 6 p. 1240ᵃ 30: μάχεται δὴ ταῦτα πάντα πρὸς ἄλληλα.

Polyb. 3, 47, 6: ψευδολογεῖν καὶ μαχόμενα γράφειν αὑτοῖς.
Philodem. Voll. rhet. p. 195, 10: μαχόμενόν ἐστιν τῷ σεμνύνειν.
— p. 255, 32: βίοις .. μαχομένοις ἀλλήλοις.

Apoll. Dysc. De coniunct. p. 218, 20 Schn. (=484, 15 B.): τὸ πρὸς τῶν Στοϊκῶν λεγόμενον .., παρ᾿ οἷς ἐστί τις διαφορὰ ... μαχομένου καὶ ἀντικειμένου,

dann auch bei Plutarch, Arrian, Lucian, Sextus Empirikus u. a. Damit vergleiche man auch μαχομένως (λέγειν) bei Strabo 2, 1, 40 und S. Empir. Adv. math. 1, 281.

Wir haben es also mit einer Terminologie zu thun, die, wie es scheint, nicht lange vor Cicero sich herausbildete, und zwar dürfen wir als Grundform wohl voraussetzen ἐνθύμημα ἐκ μαχομένων, woraus sich dann die kürzere Form ἐνθύμημα ἐκ μάχης entwickelte. —

Über περιαγωγή vgl. Beh.-Schw. S. 36 A. 2.

περιοδεύειν gebraucht unser Autor dreimal, an der einen Stelle, p. 263, 3, in wörtlichem Sinne (ὁδοὶ περιωδευμέναι „in der Runde herum abgegangene d. i. in der Runde herumführende Wege"), und daran anknüpfend, jedoch schon

---

[1]) hier offenbar noch mit bewusster Metapher, wie der Zusatz ἐν τῇ ἡμετέρᾳ ψυχῇ beweist.

[2]) Bei diesem findet sich μάχεσθαι nicht selten auch mit persönlichem Subjekt = „sich in Widerspruch mit etw. setzen."

[3]) sc. πρὸς ἄλληλα, was cod. Lᵇ = Parisinus 1854 auch einsetzt.

in übertragener Bedeutung p. 263, 4 (τὸ περιωδευμένον „das Abgerundete, die Rundung"), als rhetorischen Terminus aber („in Perioden schreiben") p. 312, 5.

In der ursprünglichen Bedeutung verwendet schon Äneas der Taktiker, ein Zeitgenosse Xenophons, öfters das Verbum (so c. 22 p. 64 u. 68; 24 p. 77; 26 p. 78 ed. Orell.), ebenso auch das Substantiv περιοδ(ε)ία. Bei den Späteren hat περιοδεύειν mancherlei Bedeutungswandel durchgemacht. Als rhetorischer Terminus jedoch ist es erst bei Philodemus nachzuweisen, Voll. rhet. p. 158 col. XVI, 15 Sudh.: τῇ περιωδευμένῃ προςφορᾷ καὶ γραφῇ. Ausserdem wird π. τῷ λόγῳ = „uti periodis" noch aus Hermogenes angeführt (von Budæus in Steph. Thes., ohne Stellenbezeichnung). —
Über συνάφεια vgl. Beh.-Schw. S. 37, 23[1]). —
Über εἱρμός und συνειρμός (p. 302, 3 u. 301, 21) vgl. Hammer, Progr. S. 49. Als rhetorischer Terminus findet sich εἱρμός nicht vor Longin, dagegen in der Bedeutung „Verbindung, Reihe" schon bei Cic. De divin. 1, 53 und Philo t. II, p. 175, 42 Mang., dann auch bei Ps.[2]) Aristot. Probl. 17, 3 p. 916ᵃ 31. —

C. Metrische Kunstausdrücke.

Wichtiger noch als die rhetorische Terminologie unseres Autors sind die von ihm gebrauchten metrischen Termini, aus deren Beobachtung wir ziemlich sichere Anhaltspunkte für die Bestimmung der Abfassungszeit unserer Schrift gewinnen.

Zwar die κεκλασμένα μέτρα p. 303, 17[3]) gehören nicht hierher. Wohl läge es nahe, bei diesen an die ἰωνικὰ ἀνακεκλασμένα oder ἰων. ἀνακλώμενα zu denken (vgl. über

---

[1]) Den dort angeführten Belegstellen kann man noch folgende beifügen:
Apoll. Dysc. De coniunct. p. 483, 20. 24; 484, 1; 487, 11; 501, 11 B;
— De constr. p. 266, 16 B.;
Ps. Phalar. Epist. 142;
Joann. Chrysost.: σ. μέλους (nach Budæus in Steph. Thes.);
Sopater bei Walz, Rh. VIII p. 126, 4;
Theophylact. Institt. 1, 2, 17; 1, 9, 149.

[2]) erst nach Athenäus entstanden, vgl. *Susem.* I S. 161.

[3]) Σύνθεσις δὲ ἀναπαιστικὴ καὶ μάλιστα ἐοικυῖα τοῖς κεκλασμένοις καὶ ἀσέμνοις μέτροις, οἷα μάλιστα τὰ Σωτάδεια διὰ τὸ μαλακώτερον, „σκῆλας καύματι κάλυψον", καὶ „σείων μελίην Πηλιάδα δεξιὸν κατ᾽ ὦμον" ἀντὶ τοῦ „σείων Πηλιάδα μελίην κατὰ δεξιὸν ὦμον" ὁποῖα γὰρ μεταμεμορφωμένῳ ἔοικεν ὁ στίχος, ὥσπερ οἱ μυθευόμενοι ἐξ ἀῤῥένων μεταβάλλειν εἰς θηλείας.

dieselben Christ, Metrik² S. 488 Anm.); zu diesen gehören ja auch die hier gleichfalls erwähnten Sotadeen, und das Beispiel σείων μελίην κτλ. ist in der That ein solches ἰωνικὸν ἀνακλώμενον (wobei freilich die letzte Silbe von Πηλιάδα überzählig ist). Jedoch das beigefügte ἀσέμνοις zeigt deutlich, dass κεκλασμένοις hier nicht als metrischer Terminus, sondern in metaphorischem Sinne (= „weichlich, schlaff") aufzufassen ist. Denn den Charakter des ἄσεμνον erhält der Vers ja nicht erst durch den trochäischen Ausgang, sondern vom Anfang an und zwar in noch weit höherem Grade, als dies durch Trochäen möglich wäre, durch die beiden Joniker. Diese Auffassung unserer Stelle vertritt schon Ernesti, Lex. techn. rhet. s. κεκλασμένα μέτρα, dem alle Neueren, auch Hammer (Progr. S, 49) beipflichten¹). —

¹) Im gleichen Sinne finden wir κλᾶν, δια- und κατακλᾶν, auf μέτρον oder ῥυθμός bezogen, auch bei
Dion. Hal. De comp. verb. 17 p. 107, 11;
— De Demosth. iud. 43 p. 1093, 12 R.;
Ps. Longin, De subl. 41, 1;
Schol. Anonym. ad Hermog. π. ἰδ. I p. 393 (nach *Ernesti* a. a. O.) und auch Dion. H. De comp. verb. 18 p. 121, 1 R. gehört hierher; denn die daselbst erwähnten γραφαί werden κατακεκλασμένα eben durch die Nichtbeachtung des Rhythmus.
Ebenso stehen diese Verba auch zur Bezeichnung weichlicher Musik, cf.
Ps. Plut. De mus. 21, 5 p. 1138 C: κεκλασμένα μέλη.
Clem Alex. Strom. 6 p. 785: μουσική .... κατακλῶσα τὰς ψυχάς.
Schol. Aristoph. Nub. 971: τὴν ἁρμονίαν ἔκλασεν ἐπὶ τὸ μαλθακώτερον.
Schol. Aristoph. Thesmoph. 138: μέλος θηλυδριῶδες · κατακεκλασμένον, τεθηλυμένον (so nach *Ernesti* a. a. O., bei *Dübner* u. *Blaydes* jedoch nicht zu finden).
Io. Chrysost. Homil. in Matth. p. 12: κατακεκλασμένα μέλη.
— Homil. 10 in Ep. ad Philipp. p. 62: διακεκλασμένα μέλη.
Auch in anderen Verbindungen finden wir die gleiche Bedeutung des Zeitworts und seiner Komposita bei den Späteren häufig. Mag nun auch die Übertragung des Bildes auf Rhythmus und Musik erst in späterer Zeit erfolgt sein, die metaphorische Bedeutung an sich ist auch den Älteren keineswegs fremd. Zwar darf man nicht hieher ziehen Hippocr. Coac. progn. Kühn I, 272 u. Epidem. 7, K. III, 683, welche Stellen *Liers*, Stilarten S. 708, wohl im Sinne hat; denn hier bedeutet κεκλασμένη φωνή „gebrochene, schwache Stimme". Zweifelhaft ist auch die Stelle bei Aristoph. Thesm. 163: διεκλῶντ' Ἰωνικῶς („molliter delicateque vivebant" *Blaydes*); denn διεκλῶντ' ist nur eine Konjektur von *Toup* statt des sinnlosen διεκίνουν oder διεκίνουν. Gesichert ist dagegen die Stelle bei Plato, De republ. 6 p. 495 C: τὰς ψυχὰς συγκεκλασμένοι τε καὶ ἀποτεθρυμμένοι. Vgl. auch Ps. Aristot. Physiogn. 6 p. 813ᵃ 35: ὅσοι δὲ ταῖς φωναῖς ὀξείαις, μαλακαῖς, κεκλασμέναις διαλέγονται, κίναιδοι.

Übrigens ist in diesem Abschnitt unserer Schrift (§ 189) der Text sehr korrupt überliefert (σώματα statt Σωτάδεια!). Schon *Göller* hat nach den Worten Σύνθεσις δὲ mit richtigem Gefühle κακόζηλος eingesetzt (vgl. p. 270, 26 und 288, 14) und ferner das eine μάλιστα gestrichen; nur wäre

Mehr Beachtung jedoch verdient die Erwähnung der Choliamben p. 316, 26: μέτρῳ εἰκασθήσεται ... καὶ τοῦτο δεινῷ, ὥσπερ οἱ χωλίαμβοι, womit man vergleiche p. 327, 12: ἔθραυσε τὸ μέτρον καὶ ἐποίησε χωλὸν ἀντὶ εὐθέος. — Der Name Choliamb für den hinkenden jambischen Trimeter ist uns ein so geläufiger, dass wir, wenn uns derselbe bei unserem Autor nun auch begegnet, das erste Mal leicht darüber hinweglesen, ohne dass uns etwas auffiele. Und doch scheint dieser Name weder der ursprüngliche noch auch nur einer der gebräuchlichsten bei den Alten gewesen zu sein.

Die früheste Erwähnung dieses Metrums finden wir, soweit ich sehe, in einem Fragment aus dem Orestes des Rhinthon bei Hephæst. 1, 6 ed. Westph.:
 A. ὡς σὲ Διόνυσος αὐτὸς ἐξώλη θείη.
 B. Ἱππώνακτος τὸ μέτρον. *A*. οὐδέν μοι μέλει.
(vgl. darüber Völker, Rhinthonis fragmenta S. 17 u. 37) und mit diesem Namen (metrum Hipponacteum, versus Hipponacteus wird es auch von den späteren Metrikern noch sehr oft bezeichnet, cf. Keil, Gramm. Lat. VI, Index.

Von seiner häufigen Verwendung im Mimus[1] führte dasselbe auch den Namen μιμίαμβος; daher betitelte Herondas, vermutlich ein Zeitgenosse des Theokrit (vgl. Christ, Litt.-G.[2] S. 465) seine neckenden, scherzhaften Gedichte,

vielleicht besser das erste μ̓. (vor ἐοικυῖα) zu tilgen, weil es am leichtesten entbehrt werden kann. p. 303, 23 ist statt ὁποῖα (margo Vict. Ald. ex manuscr., ὁποῖ Paris., ὅπου Vindob.) das dem Sprachgebrauch unseres Autors allein entsprechende οἷον. „gewissermassen", herzustellen (vgl. p. 269, 9; 274, 3; 278, 20; 284, 4; 286, 19; 300, 4; 302, 8; 304, 15; 309, 29; 311, 3; 323, 9).

Zweifellos verderbt ist auch ἀναπαιστική p. 303, 16. Denn die Beispiele enthalten keine Anapäste, sondern, abgesehen von dem ersten, das ebenfalls entstellt überliefert ist, nur Joniker und Trochäen. Ferner verleiht der Anapäst der Rede ganz im Gegenteil etwas Würdevolles, Erhabenes, cf. Hermog. π. ἰδ. 1, 6, Rh. Sp. II, 294, 27 ff.: Συνθῆκαί γε μὴν σεμναὶ αἱ ..., τῷ δὲ ὅλῳ δακτυλικαί τε οὖσαι καὶ ἀναπαιστικαί.... τροχαϊκαὶ μέντοι καὶ ἰωνικαὶ ἐναντία σεμνότητι. Doch wie ist zu ändern? Paläographisch läge am nächsten ἀντισπαστική. Der Antispast (⏑ − − ⏑) ist bekanntlich den Jonikern und dem Choriambus verwandt (vgl. *Christ*, Metrik[2] S. 70); aber Antispaste haben wir in dem, was folgt, doch eben auch nicht. Hermogenes a. a. O. und die Scholia Townl. zu Hom. Il. 22, 133, die beide den travestierten Homervers behandeln, messen denselben jonisch, und der Name des Jonikers wird an der Stelle in der That kaum entbehrt werden können. Den hier erwarteten Sinn erhalten wir durch die lautlich freilich ziemlich weit abweichende Änderung: Σύνθεσις δὲ [κακόζηλος] ἂν εἴη ἡ ἰωνικὴ καὶ ἐοικυῖα τοῖς κεκλ. καὶ ἀσ. μέτροις.

[1]) nicht von seiner Ähnlichkeit mit dem jambischen Trimeter, wie man früher annahm, vgl. *Christ*, Metrik[2] S. 362.

die in diesem Metrum gedichtet sind, Mimiamben. Die gleiche Bezeichnung findet sich dann auch bei Plin. Ep. 6, 21; Gell. N. A. 20, 9; Terentian. Maur. v. 2416 und Stob. Flor. 58, 10 (Κερκίδα μιμιάμβων codd., μελιάμβων coni. Meineke). Weitaus die häufigste Benennung jedoch war τρίμετρος σκάζων oder kurzweg σκάζων. Sie begegnet uns unzählige Male bei den römischen Metrikern, so vor allem bei Cäsius Bassus, Marius Victorinus, Atilius Fortunatianus, auch bei Terentianus Maurus (v. 2408), Diomedes und Rufinus (cf. Keil, Gramm. Lat. vol. VI im Index). Doch ist sie schon viel früher nachweisbar, cf.

Philipp. Thessalon.[1]) fr. 83 in Anthol. Pal. 7, 405, 6:
Σκάζουσι μέτροις ὀρθὰ τοξεύσας βέλη.

Martial. 1, 97: Si non molestum est, teque non piget scazon etc.

Plin. Ep. 5, 11: Cave, ne eosdem illos libellos.... convicio scazontes extorqueant.

Völlig synonym damit ist die Bezeichnung χωλίαμβος, die sich jedoch viel seltener findet und, wo sie vorkommt, meist erst an zweiter Stelle, als anderer Name für den Trimeter scazon angeführt wird. Erst bei den Byzantinern ändert sich das Verhältnis zu Gunsten des Terminus Choliambus. Hephæst. c. 5 p. 18 Westph. hat dafür den Ausdruck τὸ χωλόν (sc. ἰαμβικὸν μέτρον). Das Wort χωλίαμβος selbst gebraucht er nicht, doch dürfen wir, da uns nur ein knapper Auszug aus seinem grösseren metrischen Werke erhalten ist, diesen Terminus jedenfalls für ihn voraussetzen, zumal da wir in den Schol. B p. 151, 1 Westph. lesen: ἔστι δὲ καὶ ἕτερον ἰαμβικόν, καλούμενον χωλιαμβικόν. Vielleicht dürfen wir ihn sogar auf Heliodor zurückführen, auf Grund der Stelle des Priscian 25 p. 428, 26 Keil (Gramm. Lat. III): „Hipponactem etiam ostendit Heliodorus iambos et choliambos confuse protulisse", wiewohl daraus nicht unzweideutig hervorgeht, dass Heliodor sich auch gerade desselben Terminus bedient hat. Weiter hinauf jedoch lassen sich Spuren dieses Gebrauches nicht verfolgen.

Die Belegstellen für χωλίαμβος sind folgende:
Cæsius Bassus, De metris 3, 3 p. 258, 5 K.;
Diomed. Ars gramm. 3 bei Keil, Gr. L. I, 504, 9;
Marius Victorinus 2, 4, 18 p. 81, 4 K.: quæ scazonta seu choliamba vocant;
— 3, 13 p. 136, 30 K.;

---
[1]) vgl. S. 59 Anm.

Atil. Fortun. 24 p. 293, 3 K.: scazon ....., quem et choliambon et Hipponaction vocant;
Priscian, De metris Terentii 21 p. 426, 11; 25 p. 428, 26 (Keil III);
Rufin. Comm. in metra Terent. 10, K. VI p. 557, 27: clauda iambici metri genera, quæ scazonta seu choliamba vocant; cf. auch 16 p. 559, 29 u. 25 p. 562, 19 sq.;
Suidas s. χωλίαμβος u. s. Βαβρίας;
Etym. Magn. p. 59, 52;
χωλιαμβικός finde ich gebraucht:
Schol. B ad Heph. c. 5 p. 151, 1 W.;
Chœrobosc. in Cram. Anecd. Oxon. vol. 2 p. 277, 12;
Zonaras, Lex. p. 958;
χωλιαμβοποιέω: Eustath. p. 1684, 52;
χωλὸς ἴαμβος:
Diog. Laërt. 7, 164;
Trich. De nov. metr. 1 p. 260 sq. Westph. (3mal);
Io. Tzetz. Ad Lycophr. 425;
τὸ χωλὸν (sc. ἰαμβικὸν μέτρον):
Heph. c. 5 p. 18, 11—23 W.;
Schol. B in Heph. p. 151, 7 W.;
Aristid. Quintil. De mus. 41 p. 210, 23 Gaisf.;
Marius Plotius, Ars gramm. 3, 4 bei Keil VI p. 523, 20;
Trich. De nov. metr. 1 p. 260, 18 W.

Im Gegensatze zu den Hinkjamben nannte man den rein gebauten jambischen Trimeter τὸ ὀρθὸν (ἰαμβικὸν μέτρον), und diese Bezeichnung findet sich ausser bei den Metrikern (wie bei Hephästion und seinen Scholiasten) schon bei Dion. Hal. De comp. verb. 25 p. 203, 2 u. 205, 9 R.

Übrigens bildete man nicht bloss hinkende jambische, sondern auch hinkende trochäische und andere Verse, und auch für diese war die Bezeichnung σκάζων weit häufiger als χωλός (letzteres bei Heph. u. seinen Schol.); doch der σκάζων κατ' ἐξοχὴν war der hinkende jambische Trimeter. —

Von Interesse ist ferner die Stelle p. 272, 3: ὁ μὲν ἡρῷος σεμνός etc. Unser Autor schliesst sich hier eng an Aristoteles an, bei welchem es Rhet. 3, 8 p. 1408^b 33 heisst: τῶν δὲ ῥυθμῶν ὁ μὲν ἡρῷος σεμνὸς καὶ λεκτικῆς ἁρμονίας δεόμενος. Welchen Versfuss Aristoteles unter dem ἡρῷος versteht, sagt er nicht ausdrücklich, und auch Cicero, der die Lehre des Aristoteles vom Rhythmus der Rede ausführlich behandelt, spricht öfter (De orat. 3, 47, 182. 49, 191 (2mal). 50, 193; Orator 57, 192) vom herous (sc. pes), ohne sich indes ausser an der interpolierten Stelle De orat. 3, 47, 182 weiter darüber auszulassen, welchen Versfuss er darunter versteht. Doch meinen beide zweifellos den **Daktylus**, und so fasst die Stelle des Aristoteles auch Quintilian, Inst. Or. 9, 4, 88: „Licet igitur . . . herous, qui est idem dactylus, Aristoteli amplior . . . videatur". Ebenso heisst es in den Schol. B ad Hephæst. p. 133, 18 W.: καλοῦσι δὲ τοῦτον (i. e. τὸν δάκτυλον) καὶ ἡρῷον.

. Damit ist jedoch nicht ausgeschlossen, dass auch der **Spondeus, insofern er den Daktylus vertritt**, als ἡρῷος bezeichnet werden kann (eventuell auch der Anapäst), und dieses wollte jedenfalls auch der Interpolator bei Cic. De or. 3, 47, 182: „Quare primum ad heroum nos [dactyli et anapæsti et spondei pedem] invitat (sc. Aristoteles)" zum Ausdruck bringen. In diesem weiteren Sinne, als Gesamtname für Daktylus und Spondeus, ist ἡρῷος auch zu fassen in dem Verse des Damagetus, Anthol. Pal. VII, 9, Epigr. 5, 6:

Καὶ στίχον ἡρῴῳ ζευκτὸν ἔτευξε ποδί.

Das Beispiel jedoch, das unser Autor p. 272, 5 gibt: ἥκειν ἡμῶν εἰς τὴν χώραν, besteht aus lauter Spondeen, wobei von einer Stellvertretung des Daktylus und einer Beziehung zum Hexameter nicht mehr die Rede sein kann; ebenso das andere Beispiel an der Parallelstelle p. 288, 16: πάσης ἡμῶν ὀρθῆς οὔσης. Dies zwingt uns zu der gleichen Annahme, die schon Victorius aussprach: „Demetrius heroum spondeum vocasse videtur" (cf. Adnotatt. var. ad Aristot. Rhet., Oxon. 1820 p. 397) und die dann Märcker (De Theodectis Phaselitae vita, Vratisl. 1835 p. 81, adn. 12) wieder aufgriff: „Demetrius . . . solum spondeum intellexit, quod docet exemplum ab eo allatum." Göllers Einwand (S. 208 im Appendix): „Hoc exemplum docet spondeum ab auctore heroo accenseri; non item dactylum ab eo excludi, si quidem ipse § 204 hexametrum dicit heroicum appellari, qui nequit totus semper spondeis constare," wird sich uns im Nachfolgenden als hinfällig erweisen. Hammer sucht Seite 70 jener Annahme dadurch auszuweichen, dass er vor ἥκειν den Ausfall des Wortes σπονδεῖος vermutet; aber das ἀμφοῖν Z. 9 (ὁ δὲ παίων ἀμφοῖν μέσος καὶ μέτριος) zeigt deutlich, dass im Vorausgehenden nur zwei andere Versfüsse genannt sein können, und diese sind eben der „herous" und der Jambus.

Wenn nun für den Autor unserer Schrift der Spondeus der „herous" κατ' ἐξοχήν ist, so dürfen wir doch daraus schliessen, dass nach seiner Annahme der Spondeus derjenige Versfuss ist, der für den versus heroicus, den Hexameter, charakteristisch ist, während der Daktylus nur stellvertretend erscheint, entstanden durch Auflösung der zweiten Länge in zwei Kürzen. Und dass dies in der That die Auffassung späterer Metriker war, denen das wirkliche rhythmische Gefühl abhanden gekommen war, sehen wir aus Diomedes (Ars gramm. 3, bei Keil, Gramm. Lat. I p. 495, 3—5: „Carmen heroicum hexametrum initio sex spondiis compositum texuerunt; deinde soluta spondii altera syllaba sine damno temporis dactylum quoque suscepit". Vgl. auch p. 494, 15 u. 496, 13) und Terentianus Maurus (v. 1586—1643, insbesondere v. 1592, wo es vom Hexameter herous heisst: „Spondeis illum primo natum-cernis sex"). Erwähnenswert ist auch, dass Cledonius (Keil, Gr. L. V p. 31, 22—27) als „metri pedes legitimi" nur die Spondeen anerkennt, die Daktylen dagegen als „nothi" bezeichnet, „quia fracta syllaba spondei factus est nothus."

Indes ist diese Auffassung wenigstens einigermassen dadurch vorbereitet, dass schon frühzeitig gerade die Form des daktylischen Taktes, die, wie der Hexameter, eine grosse Freiheit in der Mischung reiner Daktylen mit Spondeen gestattete, speziell den Namen $\dot{\varrho}\upsilon\vartheta\mu\dot{o}\varsigma\ \dot{\eta}\varrho\tilde{\omega}o\varsigma$ erhielt, während der Name $\dot{\varrho}\upsilon\vartheta\mu\dot{o}\varsigma\ \delta\dot{\alpha}\varkappa\tau\upsilon\lambda o\varsigma$ im engeren Sinne auf die rein daktylischen Reihen beschränkt ward (vgl. Christ, Metrik^2 S. 174 u. 161 f., woselbst das Fragm. Bobiense de metris ap. Endlicher, Anal. gramm. p. 512 u. Plato, De rep. 400 B citiert werden). So konnte schliesslich die irrige Ansicht aufkommen, die Grundform des $\dot{\varrho}\upsilon\vartheta\mu\dot{o}\varsigma\ \dot{\eta}\varrho\tilde{\omega}o\varsigma$ sei der Spondeus. —

Von der allerhöchsten Wichtigkeit endlich sind die §§ 38—41, in denen unser Autor für den $\chi\alpha\varrho\alpha\varkappa\tau\dot{\eta}\varrho\ \mu\varepsilon\gamma\alpha\lambda o\pi\varrho\varepsilon\pi\dot{\eta}\varsigma$ vor allem päonischen Rhythmus als den geeignetsten empfiehlt, insbesondere aber die Stelle p. 270, 28: $\pi\alpha\iota\omega\nu o\varsigma\ \delta\grave{\varepsilon}\ \varepsilon\ddot{\iota}\delta\eta\ \delta\upsilon o,\ \tau\grave{o}\ \mu\grave{\varepsilon}\nu\ \pi\varrho o\varkappa\alpha\tau\alpha\varrho\varkappa\tau\iota\varkappa\acute{o}\nu\ldots,\ \tau\grave{o}\ \delta\grave{\varepsilon}\ \varkappa\alpha\tau\alpha\lambda\eta\varkappa\tau\iota\varkappa\grave{o}\nu$ $\varkappa\tau\lambda$. Diese Stelle ist deswegen besonders wichtig, weil man in späterer Zeit bekanntlich vier Päone unterschied, und es wird sich daher vor allem darum handeln, nachzuweisen, in welcher Zeit diese neue Theorie aufkam.

Der älteste Schriftsteller, der den päonischen Rhythmus erwähnt, ist (nach Christ, Metrik^2 S. 417) Aristoteles (in der Rhetorik 3, 8). Die Redner vor Aristoteles scheinen bloss einen Päon (den ersten?) gekannt und angewendet zu haben (Rhet. 3, 8 p. 1409^a 10: $\nu\tilde{\upsilon}\nu\ \mu\grave{\varepsilon}\nu\ o\tilde{\upsilon}\nu\ \chi\varrho\tilde{\omega}\nu\tau\alpha\iota\ \tau\tilde{\omega}\ \dot{\varepsilon}\nu\grave{\iota}$

παιᾶνι καὶ ἀρχόμενοι¹), vgl. dazu Adnotatt. var. ad Aristot. Rhet. p. 400). Aristoteles selbst, an den sich unser Autor hier eng anschliesst, kannte schon die beiden Hauptarten des Päon, von denen er den einen dem Anfang, den anderen dem Ende des Kolons zuweisst, doch hat er für dieselben noch keine unterscheidenden Bezeichnungen.

Auch Cicero kennt nur diese beiden Arten des Päon (cf. De orat. 3, 37, 148—43, 170. Orator 63, 214—64, 218) und eine feste Terminologie fehlt ihm ebenfalls noch. Wohl fühlt er das Bedürfnis nach einer kurzen Bezeichnung, weshalb er, nachdem er eine genaue Umschreibung gegeben hat, sich darauf bezieht mit „superior pæon" (De orat. 3, 47, 183), bzw. „posterior pæon" (47, 183 zweimal; 50, 193); aber er ist nicht konsequent, neben „superior" findet sich auch „prior pæon" (49, 191). Auch sucht er durch Zusätze deutlicher zu werden, so De orat. 3, 47, 183: „pæon hic posterior"; 50, 193: „in pæone illo posteriore, quem Aristoteles probat". Im Orator dagegen gebraucht er bloss Umschreibung, cf. 64, 215; 218.

Dionysius von Halikarnass spricht sich nicht darüber aus, wie viele Päone er unterscheidet. De comp. verb. 18 p. 119, 13 R. heisst es nur: μεθ᾽ οὓς εἰσι δύο σύνθετοι πόδες, οἱ καλούμενοι Παίονες, nämlich διατελῶ | τῇ τε πόλει, von denen der erste ein pæon quartus und der folgende unter Verkürzung der letzten Silbe ein pæon primus ist. Noch weniger ist aus der Stelle c. 25 (p. 204, 14 u. 205, 13 R.) zu entnehmen. Doch da wir nur Beispiele für den 1. und den 4. Päon haben, so ist die Vermutung wenigstens gestattet, dass Dionysius nur diese beiden Formen gekannt hat, und der Gebrauch des bestimmten Artikels an der erstgenannten Stelle *(οἱ καλούμενοι Παίονες)* erhebt diese Vermutung nahezu zur Gewissheit.

Quintilian dagegen kennt schon alle vier Formen des Päon, cf. 9, 4, 96: „Alii omnes, in quocumque sit loco longa, temporum quod ad rationem pertinet, pæanas appellant". Vgl. auch 9, 4, 47. Doch erscheinen ihm die beiden mittleren Formen als kaum berechtigt, so dass er 9, 4, 101 geradezu vom „prior pæan" spricht, ähnlich wie Cicero, und auch die vierte Form hält er für minder wichtig als die erste. Die Termini technici: „pæon primus" und „pæon quartus" kennt er noch nicht und gebraucht daher meist lange Umschreibungen, cf. § 96; 97; 110; 111.

---

[1] καὶ τελευτῶντες ergänzt *Vater.*

Hephästion endlich nennt bereits alle vier Päone mit den seitdem üblich gebliebenen Termini technici: παίων πρῶτος, δεύτερος, τρίτος, τέταρτος. Doch sind diese Termini noch neu, das sieht man sehr deutlich an dem zweimal (c. 13 p. 41, 2 u. 42, 16 W.) beigefügten ὁ καλούμενος.
Diese Terminologie behielten dann alle Späteren bei, so die Scholiasten zu Hephästion (Longin, Oros);
Aristid. Quintilian. De mus. § 50—51 (p. 212 Gaisf.);
Terentian. Maur. v. 1532—1545;
Diomedes bei Keil, Gramm. Lat. III p. 480, 20—28;
Aelius Donatus bei Keil IV p. 370, 16—21;
Marius Victorinus, K. VI p. 48, 5—12; p. 96, 12;
Maximus Victorinus, K. VI p. 208, 14—18;
[Cæsius Bassus], De metris Horatii, K. VI p. 308, 19—26;
Marius Plotius, K. VI p. 499, 21;
Tricha, De novem metris, bei Westph. Metr. Gr. p. 298 u. 299.

Fassen wir nun das Resultat dieser Untersuchung zusammen, so ergibt sich uns, dass man zu Ciceros und wohl auch noch zu des Dionysius Zeiten nur die zwei Arten von Päonen kannte, die auch schon Aristoteles unterschied. Erst später wurden von systematisierenden Theoretikern noch die beiden mittleren Formen hinzugefügt; die „alii", von denen Quintil. 9, 4, 96 spricht, sind vielleicht Philoxenus und Heliodor. Doch hatte diese Scheidung keinen praktischen Wert, da diese mittleren Formen so gut wie gar nicht vorkommen. Daher verhält sich Quintilian ihr gegenüber mehr ablehnend.

Erst Hephästions Autorität verhalf, wie es scheint, dieser Neuerung zum Siege, ihm folgten alle späteren Autoren. **Später als Hephästion dürfen wir also die Abfassungszeit unserer Schrift absolut nicht ansetzen.** Wohl aber ist es, wie das Beispiel Quintilians zeigt, auch nach Heliodor (oder wer sonst jener „Entdecker" der zwei mittleren Formen war) anfangs noch möglich und denkbar, dass ein Schriftsteller, der sich, wie unser Autor, so eng an Aristoteles anschliesst, nach wie vor von παίωνος εἴδη δύο spricht. Doch ist unser Autor schon einen Schritt weiter gegangen als Quintilian, indem er feste Termini zu gewinnen suchte. **Wir werden darum geneigt sein, anzunehmen, dass er etwas später als Quintilian, also um das Jahr 100 nach Christus gelebt habe.**

Auf die Zeit kurz vor Hephästion führen uns aber auch die gewählten beiden Ausdrücke προκαταρκτικός und καταληκτικός, die erst in der Zeit des Plutarch, also eben etwa um das Jahr 100 nach Chr. vorkommen (vgl. S. 51 f.), übrigens nicht als Termini für die beiden Arten des Päon. Das Letztere scheint vielmehr unseres Rhetors eigene Erfindung zu sein, hergenommen von der Verwendung der betreffenden Versfüsse am Anfang, bzw. am Ende des Kolons und in Anlehnung an die schon von Aristoteles gebrauchten Umschreibungen. Darin hat er jedoch keine Nachahmer gefunden.

So hat uns also die Beobachtung der Terminologie unseres Autors zu dem Ergebnisse geführt, dass derselbe etwa um die Wende des 1. und des 2. Jahrhunderts nach Chr. G. gelebt haben müsse, und dazu stimmt vollständig das Resultat, zu dem wir bei unseren grammatischen und lexikalischen Untersuchungen gelangt waren, dass nämlich unsere Schrift frühestens im ersten Jahrhundert nach Chr. und jedenfalls erst nach dem Erwachen der atticistischen Studien geschrieben sein könne; dazu stimmen ferner auch die vielen Bezugnahmen auf spätere Zeitverhältnisse, die von anderen mit Recht hervorgehoben worden sind.

Dieses Resultat stand bei mir schon fest, bevor ich von den Schriften von *Altschul* und *Beheim-Schwarzbach* auch nur die geringste Kenntnis besass. Dass wir auf ziemlich verschiedenem Wege zu dem gleichen Ergebnisse gelangt sind, darf ich jedenfalls als eine gewisse Bestätigung der Richtigkeit desselben ansehen, und ich freue mich, in dieser Frage mich auch mit so hervorragenden Gelehrten und Forschern, wie *Blass, Diels* und *W. Schmid* in Uebereinstimmung zu wissen.

Des weiteren nun zu untersuchen, welchem von den verschiedenen bei Diogenes von Laërte u. a. genannten Demetrii unsere Schrift zuzuweisen sei, darf ich mir füglich erlassen, nachdem nicht einmal der Name Demetrius für den Verfasser der Schrift feststeht. Vgl. darüber die exakten Ausführungen von Beheim-Schwarzbach S. 2—4, welchen man im wesentlichen wird beipflichten können.

Textkritische Bemerkungen.

p. 271, 6: τὴν ἐμβολὴν τοῦ κώλου καὶ ἀρχήν] Dieser Gebrauch von ἐμβολή = ἀρχή findet sich, wie es scheint, nur an unserer Stelle, vgl. Hammer S. 49. Ernesti im Lex. techn. Gr. rhet. s. v. bietet keine Parallelstelle, und der Versuch von Dindorf im Thesaurus v. Steph., an der verzweifelten Stelle Plat. Cratyl. p. 437 A ἐμβολή mit „initium" zu erklären statt mit „iniectio", wie dies gewöhnlich geschieht, dürfte wenig Anklang finden. — Doch könnte sich die hier notwendige Bedeutung von ἐμβολή allenfalls aus der älteren Bedeutung „Ort zum Eindringen, Eingang" entwickelt haben.

Vielleicht jedoch ist statt ΕΜΒΟΛΗΝ zu schreiben: ΕΠΙΒΟΛΗΝ. ἐπιβολή findet sich im Sinne von „Anfang" öfter, cf. Ern. Lex. techn. s. v., wo citiert werden:

Menandr. διαιρ. p. 631 Ald. (= π. ἐπιδεικτ. 11, Rh. Sp. III p. 419, 16): ᾧ τὴν ἐπιβολὴν τοῦ θρήνου πόθεν ποιήσομαι; „initium lamentationis";

Ulpian. ad Demosth. π. συμμορ. p. 112 (= Dindorf, Demosth. oratt. vol. VIII p. 229, 22): ἐπιβολὴ προοιμίου, „et alibi passim".[1])

Damit berührt sich auch die Verwendung des Wortes bei Hermog. π. ἰδ. 1, 2, Rh. Sp. II p. 275, 24 im Sinne von „aditus ad rem"; vgl. auch p. 276, 1: γίνεται γὰρ μάλιστα ὁ καθαρὸς λόγος, ὅταν ψιλὸν τὸ πρᾶγμά τις ἀφηγῆται, ἢ ἄρχηταί γε („hoc ipsum facit τὴν ἐπιβολήν" Ernesti) ἀπ᾽ αὐτοῦ τοῦ ψιλοῦ πράγματος κτλ. — Eine Übergangsstufe zu dieser Bedeutung des Wortes bildet der häufige Gebrauch desselben bei Polybius im Sinne von „Versuch, Anschlag, Unternehmen", vgl. insbesondere 1, 3, 3, wo es im Gegensatz zu συντέλεια steht; so sagt auch schon Thuc. 3, 45, 5: τὴν ἐπιβολὴν ἐκφροντίζων, „rei aggrediendae rationem excogitans", wofern hier nicht mit Classen ἐπιβουλήν zu lesen ist. —

---

[1]) z. B. Ulp. ad Dem. π. συντάξ. p. 219, 4 Dindf.: κεφαλαίου ἐπιβολή.

p. 271, 19: *περιποιεῖν τὸ μέγιστον*] wohl zu ändern in *π. τὸ μέγεθος*, vgl. p. 270, 13; 272, 12; 273, 4. 9. 24; 295, 6. —

p. 272, 19: *μεγαλοπρεπὲς δὲ καὶ τὸ ἐκ περιαγωγῆς τῇ συνθέσει λέγειν*] Der Sinn der Stelle ist klar, dagegen macht die Konstruktion der Worte *τῇ συνθέσει* Schwierigkeiten. Nun lesen wir in einer Nachbildung unserer Stelle bei dem Anonym. *Περὶ τῶν τοῦ λόγου σχημάτων*, Rh. Sp. III p. 114, 1—6: *παράδειγμα . . ., ὅπερ ἐστὶν καὶ μεγαλοπρεπὲς ὡς ἐκ περιαγωγῆς συντεθειμένον*, worauf dann ebenfalls die Thucydidesstelle über den Acheloos folgt. Ich vermute daher, dass auch bei unserem Autor statt *τῇ συνθέσει λέγειν* zu schreiben ist *συντεθειμένον*. —

p. 275, 19 ist statt *ὥσπερ ἐπὶ τῆς Καλυψοῦς πρὸς τὸν Ὀδυσσέα* wohl zu schreiben: *ὥσπερ ἐν τοῖς τῆς Καλ.* —

p. 284, 10: *στοχαστέον . . . τοῦ σαφοῦς . . . καὶ συνήθους*] Göller übersetzt „und nach der Analogie"; deutlicher wäre wohl: „und nach Übereinstimmung mit dem Sprachgebrauch". Aber das ist ja eben die gleich darauf genannte *ὁμοιότης πρὸς τὰ κείμενα ὀνόματα*. Ich betrachte daher die Worte *καὶ συνήθους* als ein Glossem. —

p. 294, 14 schreibe *ὡς τὸ ἐπὶ τοῦ τέττιγος* u. vgl. 281, 8; 291, 12 u. s. w. —

p. 295, 10: *ἐπὶ τοῦ ὁμοίου εἴδους φησί*] Dies könnte nach dem Sprachgebrauch unseres Autors nur heissen „(Sophron) sagt über (de) die gleiche Gattung", daher ist *ἐπὶ* wohl in *ἐκ* zu ändern, cf. 295, 3: *ἐκ δὲ παραβολῆς . . . Σαπφώ φησι*. —

p. 298, 1: *καὶ ἐκ φόβου ἀλλασσομένου γίνεται χάρις*] Diese Worte geben keinen rechten Sinn. Vielleicht ist zu schreiben: *ἐκ φόβου πλασσομένου γ. χ.* —

p. 299, 19 ist zu schreiben: *γέλωτός τε τέχναι καὶ χαρίτων*, der Gegensatz zur Tragödie, in der nur das *εὔχαρι* zulässig ist, bedingt dies. Der Fehler erklärt sich leicht durch Haplographie. —

p. 302, 16: *εἰ δ' ἀναστρέψας εἴποις . . ., ἐξέχεις τοῦ λόγου τὴν χάριν*] So ist in den Handschriften überliefert, doch ist *ἐξέχεις* zweifellos korrupt, Victorius schrieb daher *ἐξέλοις*. Nun gestattet sich unser Autor zwar die Auslassung des *ἄν* beim Irrealis sehr häufig und auch sonst in Verbindung mit gewissen Partikeln (vgl. S. 22 f. und Hammer S. 46 f.); ohne die Einwirkung einer solchen aber setzt er beim Potentialis regelmässig *ἄν*, ausser an der gleichfalls verderbten Stelle p. 324, 15. Ferner lässt er in solchen formelhaften Wendungen auf εἰ mit Optativ regelmässig Ind. Fut., seltener Ind. Präs. folgen.

Solche Erwägungen mögen Spengel bestimmt haben, ἐξελεῖς zu schreiben, eine Futurform, die bei Späteren häufig ist; doch hat er auf das Bedenkliche dieser Änderung selbst schon hingewiesen: Unser Autor gebraucht nämlich sonst überall die regelmässige Form αἱρήσω, cf. p. 268, 10; 275, 22; 308, 32; 319, 27; 326, 30. Wir müssen uns daher wohl besinnen, ehe wir eine solche fremde Form hereintragen. Vielleicht ist es das Einfachste, ἐκχεῖς zu schreiben, das lautlich dem überlieferten ἐξέχεις ziemlich nahe kommt, Futurum ist und auch dem Sinne vollkommen entspricht.[1] —

p. 310, 19: σύνθεσιν βεβαιοῦσαν] βεβαιόω, intransitiv gebraucht, erregt grosses Bedenken. Vielleicht ist zu schreiben: σύνθεσιν βεβαίαν (nach Analogie von Dion. Hal. De comp. verb. 18 p. 112, 4 R., welche Stelle Ernesti s. βεβαία citiert). Die Verderbnis konnte sehr leicht durch das nachfolgende ἔχουσαν herbeigeführt werden. —

p. 312, 23: οὐ δι' ἐπιστολῆς ἔτι λαλοῦντι ἔοικεν, ἀλλὰ μηχανῆς] Cobet conjicierte (Mnemosyne X S. 42): ἀλλ' ἀπὸ μηχανῆς. Das Gleiche vermutete jedoch schon lange vor ihm Ruhnken (Timaei Lex. s. τραγικὴ σκηνή, 2. Aufl., besorgt v. Koch, S. 216) und Göller hat dies sogar schon in den Text aufgenommen. —

p. 313, 18: καὶ τοῦ Φαλάριδος ... ἔφη τις] Nach καὶ ist ἐπὶ ausgefallen. —

Vgl. auch S. 18 f. (zu p. 323, 13), S. 24 (zu p. 271, 30), S. 28 Anm. (zu p. 295, 23), S. 73 (zu p. 275, 8) und S. 94 Anm. (zu p. 303, 16—25). Verschiedene Verbesserungsvorschläge zu unserer Schrift veröffentlichte ferner *Franz Hahne* im Genethliacon Gottingense (Hal. Sax. 1888) S. 97 f.

---

[1] ἐκχέω = „effundo, perdo, tollo" lesen wir z. B.
Theognis 110;
Aeschyl. Pers. 817 ed. Kirchh.;
Soph. Phil. 13;
Eurip. frg. 787, aus Philoktet, bei Plut. Mor. p. 544 C;
Plato, Criton p. 49 A;
N. T. Matth. 9, 17; Marc. 2, 22; Luc. 5, 37 („effundendo perdo", cf.
   Schleusner, Lex. in N. T. s. v.);
Ps. Plut. De puer. educ. 14 (Mor. p. 10 B);
Hesych. s. ἐξεχύθησαν, ἠφανίσθησαν.

Nachträge und Berichtigungen.

S. 9 und Anm. 1: ἀδόλεσχος] (ἀδ)ό(λ)εσχοι lesen wir auch Philodem. Voll. rhet. p. 267, 20 Sudh., ἀδολεσχ(ό)τερον ibid. 212, 9. —

S. 12 u. Anm. 3: κρεμνάω] Bei Gregor. Corinth., Walz, Rh. Gr. VII p. 1180, 31 (Nachahmung unserer Stelle), steht κρεμῶντα (ohne Variante). —

S. 16 ff: ὁ μὲν σύνδεσμος] Ein weiteres Beispiel für die Ausdrucksweise der Früheren ist Aristot. Metaph. Z 16 p. 1040[b] 34: προστιθέντες . . . τὸ ῥῆμα τὸ αὐτό (in αὐτοάνθρωπος und αὐτόϊππος). So sagt auch noch Strabo 8, 6, 7: μετὰ τοῦ συνδέσμου τοῦ δέ, und dies ist selbst unserem Autor nicht ganz fremd, cf. p. 294, 10: τῆς λέξεως τῆς ᾑ ἔρεις. Für die Anwendung der Zwischenstellung ist das älteste Beispiel wohl Philodem. Voll. rhet. p. 110 col. XV, 1 Sudh.: τῆς δοκεῖ φωνῆς. —

S. 18 u. Anm. 1: λοιδορεῖσθαι] Bei Arrian, Epict. diss. 2, 22, 28 (δάκνειν ἀλλήλους καὶ λοιδορεῖσθαι) steht λοιδορεῖσθαι absolut und aus dem ἀλλήλοις des ersten Glieds ist dazu ἀλλήλοις zu ergänzen.

S. 19: ἤπερ nach Komparativen] Füge bei: Philodem. Voll. rhet. p. 103, 12; 113, col. XVI, 29 und XVII, 2; 246, 27. —

S. 25, Z. 24 v. o. (Theor. Epigr.) l. δι' statt δὲ; Z. 15 v. u. l. *Meineke*.

S. 26 unten: ἐπ' ἀδείας] Ebenso Julian. Orat. 1, 13 B Spanh. —

S. 29: παρά m. Akk. in kausalem Sinn] Die von mir vertretene Auffassung der Stelle p. 309, 13, dass παρὰ τὴν Παρυσάτιν mit οὐκ εὐθὺς λέγει zu verbinden und kausal zu fassen sei, rührt von *Göller* her (Animadvv. p. 143: „propter Parysatim"). λέγει παρά τινι im Sinne von λ. πρός τινα zu nehmen (= „zu jmd. sagen") ist völlig ausgeschlossen. Ganz unmöglich ist es auch, die Worte παρὰ τὴν Π. auf ἐλθών zu beziehen, wie dies Gregor v. Korinth thut (Walz, Rh. Gr. VII p. 1180, 22), wenn man nicht mit Gregor zugleich auch die Wortstellung ändert. Die Stelle lautet bei ihm: ἐλθὼν γὰρ ὁ ἄγγελος πρὸς τὴν Παρυσάτιν οὐκ εὐθέως λέγει, ὅτι ἀπέθανεν ὁ Κῦρος.

Übrigens ist kausales παρά mit Akk. der Person keineswegs so selten, als ich ursprünglich annahm, cf.

Isocr. 6, 52: παρὰ τοῦτον γενέσθαι τὴν σωτηρίαν.

Philodem. Voll. rhet. p. 297, 11 Sudh.: συνορᾶν οὐ δύνονται, ποῖα παρ' ἡμᾶς αὐτοὺς ἁμαρτάνομεν καὶ ποίων διαπίπτομεν παρὰ τὸ τῶν πραγμάτων ἀνέφικτον.

Nicostratus (Περὶ γάμου) bei Stob. Flor. 74, 64: καὶ τοῦτο συμβαίνει παρ' αὐτάς τε τὰς νέας καὶ παρὰ τὰς πρεσβύτιδας.

Andere Beispiele aus Antiphon, Lysias, Dinarchus u. Philo bietet Steph. Thes. s. παρά, jedoch ohne genauere Stellenbezeichnung. Die von *Krüger* angeführte Stelle aus Lykurgus findet sich § 63 p. 155 Steph. —

Was endlich die Accentuierung des Eigennamens (Παρυσάτιν als Paroxytonon) anlangt, so stimmen darin alle Ausgaben überein. Gregor v. Korinth jedoch bietet a. a. O. die gewöhnliche Form Παρυσάτιν. —

S. 30, Anm. 1: Vgl. *Diel*, Diss. S. 15.

S. 31, Z. 5 v. o.: Vgl. *Diel*, Diss. S. 25 f.

— Z. 25 v. o: Schreibe Joseph. 4, 99, 30 (statt 27) und vgl. *Diel*, Diss. S. 31 f., woselbst noch Plut. 2, 238, 2 Sint. citiert ist.

S. 41: ἀστεϊσμός] Vor Dionysius v. Halikarnass gebrauchte es schon Philodem. Voll. rhet. p. 181, col. XXIII, 24. —

S. 42: *θαυμασμός*] Die Philodemus-Stelle findet sich Voll. rhet. p. 375 col. XCVII, 16. Füge bei: Apollon. Dysc. De coniunct. p. 521, 19 B.
S. 51: *ἀρκτικός*] Füge bei: Schol. in Dionys. Thr. Gramm. bei Bekk. Anecd. II p. 693, 7 u. 8. —
S. 52, Anm.: *καταρκτικός*] Auch *Bernardakis* (vol. VI, 1895) schreibt p. 1056 C (nicht B) *προκαταρκτικόν*, und zwar ohne Variantenangabe. —
S. 53, Anm. 2: *δύσρητος*] In der That ist in der 3. Aufl. des Handwb. von *Jacobitz* u. *Seiler* die frühere irrige Angabe „Dem., Thuc." bereits geändert in „Dem. Phal." —
S. 53 f.: *δύσφωνος, κακόφωνος* u. ähnl.] Diog. Laërt. 9, 48 nennt unter den Werken des Demokrit auch eine Schrift *Περὶ εὐφώνων καὶ δυσφώνων γραμμάτων*. Die Echtheitsfrage muss unentschieden bleiben. Von strengen Kritikern werden (nach *Nicolai*, Griech. Litt. I² S. 465) unter den zahlreichen Schriften, die Demokrits Namen trugen, bloss *Ὁ μέγας διάκοσμος* und *Περὶ φύσιος ἀνθρώπου* für echt gehalten.
κακόφωνος lesen wir auch bei Dionys. Thr. Gramm. p. 12, 3 u. 4 Uhl., ferner bei Dionys. Hal. De vi Demosth. 38 p. 1071, 1 R.
κακοφωνεῖν gebraucht Philodem. Voll. rhet. p. 176, 10 S. (Hapaxlegomenon), ebenso *εὐφωνεῖν* ibid. p. 367, col. LXXXIII, 12 (*εὐφωνέομαι* auch Eustath. Il. p. 848, 1).
εὔφωνος = „wohlklingend" findet sich auch Ps. Aristot. De audib. p. 802ᵇ 22; Probl. 19, 33 p. 920ᵃ 23; Dion. H. De comp. verb. 16 .p. 102, 8. 23 p. 171, 6; De vi Demosth. 40 p. 1076, 12, *εὐφωνία* „Wohlklang" auch Dion. H. De comp. verb. 25 p. 209, 6; De vi Demosth. 40 p. 1075, 11 R. und Ps. Aristot. Probl. 11, 39 p. 903ᵇ 27. Dagegen scheint es bei Ps. Aristot. De audib. p. 802ᵇ 2 „Stärke des Tones" zu bedeuten. —
S. 54 f.: *ἐμφατικός*] Füge bei: Philodem. Voll. rhet. p. 326, fr. VII, 6.
S. 55 unten: *κατ' ἐξοχήν*] Schon bei Philodem. Voll. rhet. p. 178, 5.
S. 68: *εἰκαιολόγος*] Philodem. in Voll. Hercul. Oxon. 2 fol. 10 = Voll. rhet. p. 191, 14 Sudh. (*εἰκαιολογωτέρους*).
S. 72: Hiatus] *σύγκρουσις τῶν φωνηέντων* auch Hermog. π. ιδ. Rh. Sp. II p. 294, 27.—
S. 74, Z. 24 v. o.: Schreibe *ὄρομα*. —
S. 81, Z. 23 v. o.: Schreibe „sermo pedester" statt der seltenen Maskulinform „pedestris" („sermo pedestris" Vopisc. Prob. 21, 1). —
S. 89 f.: *χρεία*] Schon unter den Werken des Aristippus werden von Diogenes von Laërte (2, 84 und 85) *Χρεῖαι* genannt (*πρὸς Διονύσιον, ἐπὶ τῆς εἰκόνος, ἐπὶ τῆς Διονυσίου θυγατρός*); aus dem Umstand, dass sie unter den Dialogen aufgezählt werden, und aus den speziellen Titeln der beiden letzteren dürfen wir vielleicht schliessen, dass sie viel Anekdotenhaftes enthielten. *Χρεῖαι* verfassten ferner die Stoiker Kleanthes (cf. Diog. Laërt. 7, 175) und Persäus (ibid. 36) sowie der Peripatetiker Ariston aus Keos (ibid. 163); von den *Χρεῖαι* des letzteren nimmt *Bähr* bei *Pauly*, Real-Enc. s. v. an, dass sie, wie auch seine *Ὑπομνήματα*, „allgemeinen und gemischten Inhalts" waren und „über alle möglichen nützlichen Dinge sich verbreiteten", und Ähnliches dürfen wir wohl auch von den betreffenden Werken der beiden anderen voraussetzen. Ein ziemlich sicheres Urteil gewinnen wir über die *Χρεῖαι* des Stoikers Hekaton aus häufigen Anführungen bei Diogenes von Laërte (6, 4. 32. 95; 7, 26. 172); dieselben waren offenbar eine Sammlung von Anekdoten, die sich an die Person bekannterer Philosophen, vielleicht speziell der cynischen und stoischen Richtung, knüpften. —

Griechisches Wortregister.

(Die Zahlen geben die Seiten an; durch gesperrten Druck ist bezeichnet, dass der betreffende Ausdruck bei unserem Autor selbst sich findet.)

ἀδόλεσχος 9; 106. ἀδολεσχότερος Hapaxlegomenon? 9 A. 1; 67; 106.
αἰτιατική „Akkusativ" 74.
ἄκοσμος 40.
ἀλληγορέω 85 f.
ἀλληγορία 48; 85 ff.
ἀλληγορικός 86 f.
ἀλληγορικῶς 85 ff.
ἀλλοιόω 45; ἀλλοίωσις 44 f.
ἄν beim Optativ im Kondicionalsatz mit εἰ 32; fehlt beim Irrealis 28 u. 104, beim Potentialis 22 f. u. 104.
ἀνάβλεψις 36; 37.
ἀνακεκλασμένα ἰωνικά 93 f.
ἀνακλώμενα ἰωνικά 93 f.
ἀναμορφόω 45.
ἀναπλόω 41.
ἀνάρμοστος 54.
ἀνθυπαλλαγή 49; 58 Anm.
ἀνθυπαλλάσσω 49; 58 Anm.
ἀνοιγνύναι absol. 66. — ὁδόν ibid.
ἀνόσιος 40.
ἀντέρεισις 36; 37.
ἀντίβλεψις 37.
ἀντιτυπία φωνηέντων 72.
ἀνυπόκριτος 39; 69.
ἀπαγγελία „Ausdrucksw." 67; 79;
ἀπαγγέλλειν „ausdrücken" 67; 80.
ἀπαγγελτικός „enuntiativus" 80 f.
ἀπέρασις u. ἀπεράω 56.
ἁπλοϊκός 50.
ἁπλόω 40 f.
ἀπολύειν „befreien" 69.
ἀποτομία 50 f.
ἀπότομος u. ἀποτόμως 51.
ἀποφθεγματικός 51.
ἀπρεπής 40.
ἄρθρον „Artikel" 72 f.
ἀρκτικός 51; 107.
ἄρρητος 53.
ἀρχαιοειδής 57; 67 f.
ἀρχαιοπρεπής u. ἀρχαιότροπος 67 f.
ἄσεμνος 39 f.
ἀσημείωτος 49 f.
ἀστεϊσμός 41; 106.

ἀσύμφωνος 54.
ἀσυναλίζομαι 41 f.
ἀσχημάτιστος 67; 88.
ἀσχήμων 40.
ἀτακτοτέρως 67.
αὐλήτρια u. αὐλητρίς 52.
αὐτόθεν „an und für sich" 62.
βασανίζειν „quälen" 59 f.
βασανισμός „Peinigung" 60.
βάσανος „Qual" 59 f.
βασιλίς 68.
βεβαιόω intrans. (?) 69; 105.
γεγονός, τό, „Vergangenheit" 75.
γενική „Genitiv" 74.
γινόμενον, τό, „Gegenwart" 75.
γνωμολογέω u. γνωμολογία 37.
γνωμολογικός 36; 37.
γραφή „Ausdrucksweise" 69; 80.
γραφική λέξις „schriftlicher Ausdruck" 80.
δασεῖα, ἡ, „Spiritus asper" 71.
δασὺς ἦχος „Spiritus asper" 70 f.
δασύτης „Aspiration" 70.
διά m. Gen. vom Stoffe und den Bestandteilen 24 ff.
διαίρειν λόγον „der Rede Schwung verleihen" 84.
διαλύειν „befreien" 69.
διαμορφόω u. διαμόρφωσις 52 f.
διαμορφωτικός 53.
διαπαίζειν „verspotten" 63.
δίασμα „elata compositio" 84 f.
διάρριψις 53.
δίαρσις „elata compositio" 84.
διάσπασις, διάσπασμα, διασπασμός u. διάσπαστος 53.
διαφωνεῖν, διαφωνία u. διάφωνος 54.
διήγημα 38 f.
διέρρηγμαι 11.
διηγηματικός 39.
δοκιμάζειν „für notwendig erachten" 60 f.
δοτική „Dativ" 74.
δυνάστις 68.
δύο und Flexion 6; 7.

δυσηκοεῖν u. δυσηκοΐα 54.
δυσήκοος 53 f.; 69.
δυσήκουστος. δυσηχής u. δύσηχος 54.
δυσκατόρθωτος 49.
δύσρητος 53; 69; 107.
δύσσημος 53.
δύσφθογγος 54; 68.
δυσφωνεῖν 53.
δυσφωνία 53.
δύσφωνος 53; 107.
εἰ m. Konjunktiv 32 f.; m. Opt. u. im Nachsatz Ind. Präs. 31 f.
εἰκαιολογία 68.
εἰκαιολόγος 68; 107.
εἰκαιοψόγος 58; 68; 107.
εἱρμός 48; 93.
ἔκθεμα „Verordnung" 61.
ἐκμορφόω 45.
ἐκλύειν 69.
ἐκτίθεσθαι „festsetzen" 61.
*ἐκχέω „tollo" 105.
ἐλευθεροῦν 69.
ἐμβολή = ἀρχή, 69; 103.
ἐμφανιστικός 55.
ἐμφατικός 54 f.; -ῶς 55.
ἔμφασις Figur der Emphase 85.
ἐμφατικός 54 f.; 107; -ῶς 55.
ἐναφανίζω 55.
ἐνεστὼς συντελικός „Perfekt" 75.
ἐνθύμημα 90 ff.
ἐντολή „Befehl" 77.
ἐξαίρεσθαι „einen höheren Schwung nehmen" 67; 84.
ἐξαιρέτως 55.
ἐξαιρέω 14; 104 f.
ἐξαπλόω 40 f.
ἐξάπλωσις 40.
ἐξαφανίζω 55.
ἐξελῶ Fut. v. ἐξαιρέω 14; 105.
ἐξεράω 56.
ἔξοχα, ἔξοχον u. ἐξόχως 56.
ἐπαλληλία φωνηέντων (Hiatus) 72.
ἐπανάστασις „elata compositio" 69; 85.
ἐπαφανίζω 55.
ἐπί m. Gen. das Adverb umschreibend 26 f.; 106; statt des Gen. partit. 27; = „über, in Betreff, de" 27.
*ἐπιβολή „Anfang" 103.
ἐπικίνδυνος 42.
ἐπιμορφόω 45.
ἐπιπληθύεσθαι 68.
ἐπιπληθύνω u. ἐπιπλήθω 68.

ἐπίρρημα „Adverbium" 74.
ἐπίταξις „Befehl" 77.
ἐπιφέρειν „citieren" 63.
ἐπιφορά 63.
ἐράω „ausgiessen" 56.
ἑρμηνεία „Stil" 78 f.
ἑρμηνεύειν „darstellen, schildern" 67; 80.
ἑρμηνευτικά, τά, „Stil" 79.
ἑρρόηγμαι 11.
ἑτεροιόω u. ἑτεροίωσις 44 f.
εὐήκοος 54; 69.
εὐηχής u. εὔηχος 54.
εὐθεῖα, ἡ, u. εὐθύ, τό, „Nominativ" 74.
εὐκατάστροφος 67.
εὐστομία 54.
εὔφθογγος 54.
εὐφωνεῖν 107.
εὐφωνία u. εὔφωνος 54; 107.
ζηλοτυπεῖν τινι 78.
ἡδονὴ λόγου 67; 88 f.
ἤπερ nach Komparativen 19; 106.
ἡρῷος „Spondeus" 97 ff.
ἤτοι—ἤ 29.
ἦχος δασύς „Spiritus asper", — ψιλός „Sp. lenis" 69; 70 f.
ἠχώδης „volltönend" 63.
θαυμασμός 42; 107.
Ἰωνικὰ ἀνακεκλασμένα od. ἀνακλώμενα 93 f.
κακοζηλία 87.
κακόζηλος 58; 87 f.
κακοφωνεῖν 107.
κακοφωνία 53, κακόφωνος 53 u. 107.
καταλεύω 43.
καταληκτικός 52; 69; 101 f.
καταλιθοβολέω 43.
καταρκτικός 52; 107.
κατασκευάζω u. κατασκευή 58.
κατασμικρίζω u. κατασμικρύνω 46.
κατ' ἐξοχὴν 55 f.; 107.
κατεράω 56.
κατέρρηγμαι 11.
κεκλασμένα μέτρα „weichliche Versmasse" 93 f.
κινδυνώδης 42; 57.
κλῆσις ὀνόματος „Nominativ" 74.
κρεανομῶ 37, κρεανομία 36 u. 37.
κρεανόμος 37.
κρεμάζω, κρεμάω, κρεμάω, κρεμανάω, κρήμνημι u. κρήμναμαι 12 f.
κρύβδα, κρύβδην, κρύφα u. κρύφῃ 10.
κυκλικός u. κύκλιος 56.

κυκλοειδής 56.
κυκλόεις u. κυκλοτερής 56.
λάθρᾳ u. λαθραίως 10.
λανθανόντως 9; 10; 58.
λεκάνη, λεκανίδιον, λεκάνιον, λεκανίς u. λεκανίσκη 57.
λεκτικός „prosaisch" 82.
λεληθότως 9; 10; 48.
λέξις = „Diktion, Stil" 78 u. 79; = „Prosa" 82.
λείω 43.
ληκτικός 52.
λιθοβολέω u. λιθοβολία 43.
λιθοβόλος u. λιθόβολος 43.
λογικός „prosaisch" 82.
λόγιος = μεγαλοπρεπής 82.
λόγιος „sich der prosaischen Rede bedienend" 82.
λογιότης „Erhabenheit" 84.
λόγος „Prosa"; „Prosaschrift" 82.
λόγος ψιλός 82.
λοιδορεῖν τινι 18.
λοιδορεῖσθαί τινα (?) 18 f., 106.
λοιπόν „schon" 64 f.
λύειν „befreien" 69.
μάχεσθαι „im Widerspruch zu etw. stehen" 92.
μάχη „Gegensatz" 92. ἐνθύμημα ἐκ μάχης 90—92.
μέλλον, τό, „Zukunft" 75.
μεταβάλλειν u. μεταλλάττειν 45.
μεταμορφόω u. μεταμόρφωσις 43 ff.
μετασυντίθημι 58; 68.
μετεράω 56.
μετροειδής 57; 68.
μιμίαμβος 95 f.
μονοσύλλαβος 45.
μορφόω u. μόρφωμα 45.
ναῦς, G. S. νηός, A. S. νῆα, N. Pl. ναῦς, A. Pl. νῆας 7 f.
ξηροκακοζηλία 67.
ὅδε statt οὗτος 20.
ὁδὸν ἀνοιγνύναι „viam aperire", ὁδὸν διδόναι bzw. τέμνειν und ὁδοποιεῖν 66.
ὄζειν τινός „etw. riechen" (?) 69.
οἶον γοῦν, οἶον ὡς u. οἶον ὥσπερ 33 ff.
ὁλοκληρία 45 f.; ὁλόκληρος 46.
ὀνειδιστικός 58; ὀνειδιστικῶς 57 f.
ὄνομα „Nominativ" 74.
ὀνόματα (Redeteil) 72.
ὀρθή (sc. πτῶσις) „Nominativ" 74.
ὀρθὸν (ἰαμβικὸν μέτρον) 97.
ὅσος nach πᾶς 21.

οὗτος statt ὅδε 20.
οὕτως statt ὧδε 20.
παῖγμα u. παίγνιον 11.
παίζω, παιξοῦμαι, ἔπαιξα, πέπαιχα, πέπαιγμαι, ἐπαίχθην 11.
παίων προκαταρκτικός und π. καταληκτικός 99; 101 f.
παίων πρῶτος, δεύτερος, τρίτος, τέταρτος 101.
παρά m. Dat. bei Passiven statt ὑπό m. Gen. 27 f.; m. Akk. kausal, auch mit Akk. der Person 29; 106.
παράθεσις φωνηέντων (Hiatus) 72.
παράξυσμα 67.
παραπληρωματικοὶ σύνδεσμοι 48; 73.
παράτασις „Dauer" (opp. συντέλεια) 75.
παρεληλυθώς, ὁ, „Präteritum" 75.
παρέλκειν „überflüssig sein" 61 f.
παρελκόντως 62.
παρῳχημένος συντελικός, ὁ, „Plqpf." 75.
πᾶς ὅσος 21.
πεζῇ „in Prosa" 81.
πεζῇ λέξις bzw. φράσις 81.
πεζολογία 81.
πεζὸς λόγος „sermo pedester" 81.
πεζῶς „in Prosa" 81.
περαίνω u. περαιόω 58.
περιαγωγή 67; 92.
περιοδεύειν „in Perioden schreiben" 48; 93.
περισσόκομος, -λογος, -νοος 69.
περισσοτεχνία 68 f.; 87.
πλάγιον „Kasus obliquus" 74.
πλαγιότης 74.
πνεῦμα „Spiritus" 71.
πνευματώδη γράμματα 71.
πολυηχία 67.
προαναβοάω 67.
προσαγωγίζω 55.
προκαταρκτικός 51 f.; 101 f.; 107.
προοδοποιεῖν 66.
προσ-στοχάζομαι 68.
προστακτική, ἡ, u. προστακτικόν, τό, „Befehlform, Imperativ" 77.
προ-στοχαστικός 68.
πρόσφυμα 67.
προσῳδία „Spiritus" 71.
πρόσωπον „Person" 62.
πρότερον expletiv (?) 73.
πτῶσις „Kasus" 74.
ῥήγνυμι (διέρρηγμαι) 11.
ῥῆμα (Redeteil) 72.
ῥυθμοειδής 57.

σημειόω 49.
σημειώδης „auffällig" 65.
σημείωσις u. σημειωτικός 50.
σημειωτός u. σημειωτέος 50.
σκάζων (τρίμετρος) 96.
σμικρύνω 46.
σπειράω u. σπείραμα 38.
σσ und ττ abwechselnd 10 f.
συγκάλυμμα u. συγκαλυμμός 46.
συγκαλύπτω u. συγκάλυψις 46.
συγκαταλήγω 58.
συγκρούειν (τὰ φωνήεντα) und σύγκρουσις („Hiatus") 72; 107.
σύμβολα, τά, = ἀλληγορία 67; 87.
συμβολή (φωνηέντων) 72.
συμμορφόω 45.
συμπεραίνω u. συμπεραιόω 58.
σύμπληξις (φωνηέντων) 72.
συμπλήσσειν (τὰ φωνήεντα) 72.
συμπλοκή (φωνηέντων) 72.
σύμπτωσις (φωνηέντων) 72.
συναλείφειν u. συναλοιφή 72.
συναψαιρίζω 55.
συνάφεια 93.
σύνδεσμοι 72 f.; σ. παραπληρωματικοί 73 f.
συνειρμός 67 u. 93.
συνεξαίρειν 48; 58 A. 1; 84 A. 1.
συνεράω 56.
συνέρρηγμα 11.
συνέχειν (φωνηέντων) 72.
συντέλεια „Präteritum" 75 f.; „Vollendung, Ende" ibid.
συντελείωσις 75; συντελεστικός 76.
συντελικόν, τό, „Aorist" (?) 75.
συντελικός 75 f.
συσπειράω 38.
τερθρ(ε)ία 36; 37 f.; 87.
τερθρεύομαι 38.

τουτέστιν 46 ff.
ττ mit σσ abwechselnd 10 f.
τυραννίς „uxor tyranni" 68.
τυχόντως 10.
ὑπαλλαγή, ὑπάλλαγμα u. ὑπαλλάττω 49.
ὑπερεκπίπτειν u. ὑπερέκπτωσις 65.
ὑπερπίπτειν metaphor. „darüber hinausgehen" u. ὑπέρπτωσις 65.
ὑπερσυντελικός „Plusquamperf." 75.
ὑποδάκνω 50.
ὑπόθεσις „Ermahnung, Rat" 78.
ὑποθετικός „kondicional" 77.
ὑποθετικῶς „in der Form der Vorschrift" 77 f.
ὑποθήκη „Ermahnung, Rat" 78.
ὑποκατασκευάζω u. ὑποκατασκευή 58.
ὑπονοεῖν 86.
ὑπόνοια = ἀλληγορία 86.
ὑποτίθεσθαι „anraten"; „anbefehlen" 78.
φιλοφρόνημα u. φιλοφρόνησις 48.
φιλοφρονητικός 48.
φράσις „Ausdrucksweise, Stil" 79.
χασμωδία 72.
χοινεύω 13 f.
χρεία „Sentenz" 89 f.; 107.
χωλιαμβικός u. χωλιαμβοποιέω 97.
χωλίαμβος 95 ff.
χωλόν, τό, u. χωλός ἴαμβος 97.
χωνεία u. χωνεύω 13 f.
ψιλὸς ἦχος „Spiritus lenis" 70 f.
ψιλότης „Mangel der Aspiration" 70.
ὧδε statt οὕτως 20.
ὡς finale 29 f.; 106.
ὡς ἅτε, ὡς οἷα, ὡς οἷον u. ὡς οἱονεί 34.
ὡς τὸ πλέον „meistens" 22.

Deutsch-lateinisches Sachregister.

Adjektiva auf -ειδής oder -ώδης 56 f.; 68.
adverbiale Komparative auf -ως 67 A. 1.
Adverbien von Partizipien abgeleitet 9.

Adverbium, ἐπίρρημα, 73 f.
Adverbium umschrieben durch ἐπί m. Gen. 26; 106.
Aorist, gnomischer, 22.
[aperire viam, iter 66 f.]
Artikel, ἄρθρον, 72 f.

Atticisten, künstliche Belebung des Duals 6 u. 35; Vorliebe für den Optativ 30 f.; 32 u. 35.
Attribut 15—18; attributiv. Gen., Zwischenstellung vermieden 15 f.
Bedeutungswandel 59—67; 69.
Befehlform und Befehlsatz 77.
Daktylus ἡρῷος genannt 98.
Dekomposita 58;, 68; 84.
Demonstrativa οὗτος und ὅδε nebst Ableitungen vertauscht 20 f.
Dual 5—7 u. 35; in Verbindung mit dem Zahlwort zäheren Lebens 6.
episch-jonische Formen 7 f.
Finalsätze 29—31; finales ὡς 29 f.; Optativ nach einem Haupttempus 30 f.; Ind. Fut. in adverbialen Finalsätzen 31 u. 106.
Flexion der Nomina 5—9, der Verba 10—14; Terminologie 74—76.
Formenlehre 5—14.
gnomischer Aorist u. gn. Perfekt 22.
Hapaxlegomena 67—69.
Hiatus 72; 107.
Hipponacteum metrum 95.
Infinitiv imperativisch 23 f.
Interjektionen 73 f.
Jonismen 7 f.; 10 f.
Kasus, πτῶσις, 74.
Kasusrektion 18 f.
Komparation 19.
Komparativ umschrieben 19; verstärkt durch μᾶλλον ibid.
Komparativsätze (verkürzt) 33—35.
Kondicionalsätze 31—33.
Konjunktiv nach εἰ 32 f.
Koordination der Sätze 29.
Latinismen 18; 66 f.
Lautlehre (Terminologie) 70—72.
Metaplasmus 9.
Modi 22—24; in Finalsätzen 30 f., in Kondicionalsätzen 31 ff.
Nominativ (Termini) 74.
Neutr. Plur. mit folgendem Plural des Verbs 14 f.
Optativ von den Atticisten bevorzugt 30, 32 u. 35; im Finalsatz nach einem Haupttempus 30 f. u. 106; in Kondicionalsätzen 31 f., verstärkt durch ἄν (nach εἰ?) 32.
Päonischer Rhythmus (anfangs 2, später 4 Päone) 99—102.
[patefacere viam, iter 66 f.]
[pedester sermo „Prosa" 81; 107]
Perfekt im Sinn des Aor. gnom. 22.
Pleonasmus 33—35.
Plural des Verbs bei einem Subjekt im Neutr. Plur. 14 f.
Potentialis ohne ἄν 22 f.; 104 f.
Prädikat auf mehrere Subjekte bezogen im Sing. 14.
Präpositionen 24—29.
Präpositionalattribut, Zwischenstellung vermieden 16.
Präteritum, συντέλεια, 75.
Pronomina 20 f.
Redeteile 72—74.
Rektion der Kasus 18 f.
Satzarten (Terminologie) 76.
Sotadeen 93 f.
Spiritus asper u. lenis (Termini) 70 f.
Subordination der Sätze 29—35.
Superlativ verstärkt durch μάλιστα 19.
Syntax 14—35; Terminologie 76—78.
Tempora 22.
Terminologie 70—102 (grammatische 70—78, rhetorische 78—93, metrische 93—102).
Textkritische Bemerkungen 103 ff.
Verwandlungsgeschichten 44.
Wortbildungen, neue, 36—58.
Wundersammlungen 44.
Zusammensetzung mit mehreren Präpositionen (Dekomposita) 58; 68; 84.
Zusammensetzungen mit εἶδος 57, mit εἰκαῖος 68 u. 107, mit περισσός 68 f.
Zwischenstellung des attributiven Genitivs vermieden 15 f., ebenso des Präpositionalattributs 16 f.
Zwischenstellung eines seinem grammatischen Werte nach bestimmten Wortes zw. Artikel u. Appellativum (z. B. ὁ μὲν σύνδεσμος) 16 f. u. 106. —